Carolin Lano

Die Inszenierung des Verdachts –
Überlegungen zu den Funktionen von TV-mockumentaries

FILM- UND MEDIENWISSENSCHAFT

Herausgegeben von Irmbert Schenk und Hans Jürgen Wulff

ISSN 1866-3397

6 *Evelyn Echle*
Danse Macabre im Kino
Die Figur des personifizierten Todes als filmische Allegorie
ISBN 978-3-89821-939-6

7 *Miriam Grossmann*
Soziale Figurationen und Selbstentwürfe
Schauspieler und Figureninszenierung in Eric Rohmers *Pauline am Strand*, *Vollmondnächte* und *Das grüne Leuchten*
ISBN 978-3-89821-944-0

8 *Peter Klimczak*
40 Jahre ‚Planet der Affen'
Zeitgeist- und Reihenkompatibilität – über Erfolg und Misserfolg von Adaptionen
ISBN 978-3-89821-977-8

9 *Ingo Lehmann*
Ziellose Bewegungen und mediale Selbstauflösung
Das absurde «Genrefilm-Theater» Monte Hellmans
ISBN 978-3-89821-917-4

10 *Gerd Naumann*
Der Filmkomponist Peter Thomas
Von Edgar Wallace und Jerry Cotton zur Raumpatrouille Orion
ISBN 978-3-8382-0003-3

11 *Anja-Magali Bitter*
Die Inszenierung des Realen
Entwicklung und Perzeption des neueren französischen Dokumentarfilms
ISBN 978-3-8382-0066-8

12 *Martin Hennig*
Warum die Welt Superman nicht braucht
Die Konzeption des Superhelden und ihre Funktion für den Gesellschaftsentwurf in US-amerikanischen Filmproduktionen
ISBN 978-3-8382-0046-0

13 *Esther Lulaj*
Nimm (nicht) ab!
Zur Funktion des Telefons im Spielfilm – Von Metropolis bis Matrix
ISBN 978-3-8382-0125-2

14 *Boris Rozanski*
Das ungleiche Liebespaar in der 'Screwball Comedy'
Paarbildung und Selbstfindung von Frank Capras *It Happened One Night* bis zu Jonathan Demmes *Something Wild*
ISBN 978-3-8382-0145-0

Carolin Lano

DIE INSZENIERUNG DES VERDACHTS

Überlegungen zu den Funktionen von TV-mockumentaries

ibidem-Verlag
Stuttgart

Bibliografische Information der Deutschen Nationalbibliothek
Die Deutsche Nationalbibliothek verzeichnet diese Publikation in der Deutschen Nationalbibliografie; detaillierte bibliografische Daten sind im Internet über http://dnb.d-nb.de abrufbar.

Bibliographic information published by the Deutsche Nationalbibliothek
Die Deutsche Nationalbibliothek lists this publication in the Deutsche Nationalbibliografie; detailed bibliographic data are available in the Internet at http://dnb.d-nb.de.

Coverabbildung: © Kaleido3 / PIXELIO

∞

Gedruckt auf alterungsbeständigem, säurefreien Papier
Printed on acid-free paper

ISSN: 1866-3397

ISBN-13: 978-3-8382-0214-3

Inhaltsverzeichnis

1. Einleitung 7
   - 1.1 Begriffsbestimmung und Filmkorpus 10
   - 1.2 Entwurf eines Analyseschemas 13
   - 1.3 Bisheriger Forschungsstand 15

2. Der dokumentarische Film im Zeichen des Verdachts 21
   - 2.1 Der dokumentarische Film in der frühen Filmgeschichte 21
   - 2.2 Abgrenzung vom Spielfilm 25
   - 2.3 Das Abbildparadigma des filmischen Oberflächenrealismus 26
   - 2.4 Kulturtechnik vs. Technikontologie 30
   - 2.5 Exkurs: Die Brecht-Lukács Debatte 34
   - 2.6 Dokumentarfilm als Text 38
     - 2.6.1 Realitätsebenen des Dokumentarfilms 39
     - 2.6.2 Bill Nichols' Typologie rhetorischer Vermittlungsstrategien 41
     - 2.6.3 Problematik einer filmsemiotischen Adaption der Rhetorik 46
   - 2.7 Pragmatische Ansätze 50
   - 2.8 Zusammenfassung 53

3. Das Fernsehen als verdächtiges Medium 57
   - 3.1 Kultur- als Medienkritik 58
   - 3.2 Emanzipatorischer Medienumgang 62
   - 3.3 Die Problematik eines generellen Manipulationsverdachts 66
   - 3.4 Exkurs: WAR OF THE WORLDS 70
   - 3.5 Dokumentarfilm im Fernsehen 72
   - 3.6 Zusammenfassung 75

4. Exemplarische Analyse von TV-*mockumentaries* und ihrer Einbindung in das Programmschema von ARTE 77
4.1 Der Kultusender ARTE 77
4.2 Der mediale Kontext: Das Fernsehen als Programmmedium 80
4.2.1 Paratextuelle Markierung von CITIZEN CAM 85
4.2.2 Paratextuelle Markierung von KUBRICK, NIXON UND DER MANN IM MOND 88
4.3 KUBRICK, NIXON UND DER MANN IM MOND 91
4.3.1 Das Interview als Quelle mit Beglaubigungsfunktion 91
4.3.2 Der Umgang mit Archivmaterial 95
4.3.3 Die Anlehnung an Formen des investigativen Journalismus 100
4.3.4 Intertextuelle Bezüge 101
4.3.5 Welt- und Medienwissen 103
4.3.6 Fazit 107
4.4 CITIZEN CAM 109
4.4.1 Authentizitätseffekte der Interviewsituation 110
4.4.2 Inszenierungsaufwand 111
4.4.3 Der Reportagestil 113
4.4.4 Welt- und Medienwissen 116
4.4.5 Fazit 118
4.5 Resümee: Medien, Macht, Manipulation – *Mockumentaries*? 119

5. Schlussbetrachtung:
Mockumentaries als Strategien der medialen Selbstbespiegelung 125

6. Quellenverzeichnis 135
6.1 Selbstständige Veröffentlichungen und Herausgeberschriften 135
6.2 Unselbstständig erschienene Literatur 141
6.3 Internetquellen 149
6.4 Sonstige 149

7. Filmverzeichnis 150

1. Einleitung

Der Dokumentarfilm befindet sich scheinbar in einer zunehmend prekären Situation. Der Glaube, dass in ihm „Wirklichkeit selbstevident zur Anschauung komme"[1] hat immer wieder gewaltige Dämpfer erfahren. So scheinen etwa digitale Bildbearbeitung und -erzeugung ein Urteil über den ontologischen Status auf Basis des Sichtbaren obsolet gemacht zu haben. Dabei galt die als ontologisch aufgefasste ikonische bzw. indexikalische Zeichenqualität des Filmbildes lange als Konstituens des Dokumentarischen. Das Fehlen einer garantierten Referenz zum abgebildeten Gegenstand, die durch das fotochemische Aufzeichnungsverfahren noch gewährleistet schien, stellt digitale Medienprodukte offenbar generell unter Manipulationsverdacht. Dieser Verdacht ist sicherlich nicht immer unbegründet, allerdings gilt es zu bedenken, dass der Abgesang an die dokumentarische Glaubwürdigkeit im Zeitalter der digitalen Bildverarbeitung medienontologische Begründungen reaktiviert, die eigentlich gemeinhin als abgelegt galten. Dennoch scheint das Ansehen des Dokumentarfilms als privilegierte Darstellungsform der Wirklichkeit unter der neuen Technik zu leiden.

Erschwerend kommt hinzu, dass eine zunehmende Durchmischung von fiktionalen und dokumentarischen Formaten, vor allem im Fernsehen, stattfindet. Docusoaps und Dokudramen, gehören mittlerweile fest zum Programmrepertoire. Das Aufkommen solcher Hybridformen fordert eine beständige Reformulierung des Dokumentarfilmbegriffs. Doch nicht nur für die Theorie ergeben sich neue Herausforderungen. Das alte Garantieversprechen einer faktografischen Wirklichkeitswiedergabe steht auf dem Spiel. Angesichts der Verbreitung von Formaten, die Realität und Inszenierung mischen oder austauschen, stellt sich die Frage, wie die Zuschauer die kaum noch überschaubare Flut des angeblich wahren Lebens, das über die Bildschirme hereinbricht, noch in »echt« und »unecht« unterscheiden können.

Dabei ist der Manipulations- und Täuschungsverdacht ein Phänomen, das den Dokumentarfilm immer schon begleitet hat. Dieser Verdacht war stets Motor der praktischen und theoretischen Auseinandersetzung. In den Theorieansätzen kommt es dabei zu einer Wende von ontologischen zu pragmatischen Zugängen. Der Dokumentarfilmbegriff findet seine Ausformulierung damit nicht mehr in einer dem Film

[1] Heller, Heinz B.: *Der Dokumentarfilm als transitorisches Genre*. In: Keitz, Ursula / Hoffmann, Kay (Hgg.): Die Einübung des dokumentarischen Blicks. Fiction Film und Non Fiction Film zwischen Wahrheitsanspruch und expressiver Sachlichkeit 1895-1945. Marburg: Schüren 2001. S. 15.

wesensgemäßen Abbildkorrelation, sondern in der Bereitschaft des Zuschauers einem Film dokumentarischen Status zuzusprechen und diesen entsprechend zu rezipieren.

In der Praxis finden sich vermehrt reflexive Formen, welche die Konstruktion medialer Realitäten zur Anschauung bringen. Die Reflexivität scheint dabei beinahe apologetische Züge anzunehmen, schließlich verspricht sie meist die Wiederherstellung der Glaubwürdigkeit durch das Aufzeigen der Konstruiertheit von medialen Wirklichkeiten. Die Rezeption soll dabei meist in ein festgelegtes Kommunikationsziel münden. Die Spiegelung der ideologischen, ökonomischen und institutionellen Voraussetzungen der Produktion soll beim Rezipienten einen Bewusstwerdungsprozess in Gang setzen. Der Filmdokumentarist wird als Aufklärer stilisiert. Allerdings bleibt ein bitterer Beigeschmack, denn die aufklärende Praxis vollzieht sich innerhalb der Gattung, auf deren Manipulationsmechanismen aufmerksam gemacht werden soll. Dabei gilt es zu bedenken, dass dokumentarische Filme nicht im freien Raum flottieren, sondern immer an das mediale Dispositiv zurückgebunden bleiben, durch das sie distributiert werden.

Auch unintendierte Phänomene, wie Skandale um entlarvte Medienfälschungen, lassen das Vertrauen in die Integrität der Medien schwinden. Wenn Fälschungen aufgedeckt werden - so die weit verbreitete Ansicht - ergibt sich aus der desillusionierenden Einsicht in ihre Wirkstrategien eine aufklärende Funktion. Die Aufdeckung befördere eine Erkenntnis über die impliziten und expliziten Regeln des Mediensystems. Im besten Falle würden Rezipienten damit in Stand gesetzt, ihr bisheriges Vertrauen in die Glaubwürdigkeit kritisch zu reflektieren.[2]

Neben dem reflexiven Dokumentarfilm gibt es außerdem eine Reihe fiktionaler Filme, die wie Dokumentarfilme inszeniert sind. Sie wurden mit vielen Namen bedacht, wie etwa *fake-* oder *pseudo-doku*, mittlerweile scheint sich die Bezeichnung *mockumentary* durchgesetzt zu haben. Eine der bisher ausführlichsten Auseinandersetzungen mit diesem diffusen Filmbegriff liefert die Monographie FAKING IT von Jane Roscoe und Craig Hight. In der Einleitung beschreiben die Autoren das Untersuchungsfeld als „under-theorised area of media studies“[3], denn eine wissenschaftliche Auseinandersetzung käme erst in den letzten Jahren und nur sehr zögerlich zustande. Den Autoren ist darin grundsätzlich zuzustimmen, auch wenn sich mittlerweile einige

---

[2] Vgl.: Bickenbach, Matthias: *Der Fälscher als Poetologe und Medientheoretiker. Ein Entwurf im außermoralischen Sinn über Michael Borns und Tom Kummers Werkstattberichte der Fernsehwirklichkeit.* In: Gerhards, Claudia et .al. (Hg.): TV-Skandale. Konstanz:UVK 2005. S. 329 - 353.

[3] Roscoe, Jane/ Hight, Craig (ed.): Faking it. Mock-documentary and the subversion of factuality. Manchester Univ. Pr.: Manchester/New York 2001. S. VIII.

Aufsatzsammlungen - größtenteils aus den USA - des Themas angenommen haben. Was für die angloamerikanische Forschung gilt, erweist sich auch im deutschen Sprachraum als relativ unbearbeitetes Gebiet. Spektakuläre Fälschungsskandale hingegen, haben eine Reihe von Publikationen zum Thema »Fälschungen in den Medien« angeregt.[4]

Fälschungen kommen in allen Medien vor, was den Überblick zusätzlich zu erschweren scheint. *Mockumentaries* unterscheiden sich von anderen Medienfälschungen, da sie sich selbst stets als Täuschungen denunzieren. Mit den allgemeinen Medienfälschungen haben sie jedoch gemeinsam, dass die medientheoretische Beschäftigung mit ihnen häufig auf die Benennung einer eindeutigen Funktion hinausläuft: Dadurch, dass *mockumentaries* die Authentisierungsstrategien des Dokumentarfilms nachahmen und ihre Scheinobjektivität durch Illusionsbruch verdeutlichen, so die Annahme, könne man auch ihnen das Potential aufklärerischer Qualitäten zusprechen.[5]

Statt auf die Einlösung eines Rezeptionserfolgs im Sinne einer kalkulierbaren Aktivierung der Zuschauer, soll im Folgenden zunächst nach einem Traditionszusammenhang in der Theoriegeschichte geforscht werden, der sich in der Auseinandersetzung mit *mockumentaries* niederschlägt. Die Konzepte lassen sich wiederum unterschiedlichen geistes- und kulturgeschichtlichen Paradigmen zuordnen, die ihrerseits verschiedene Herangehensweisen und Gegenstände der Auseinandersetzung implementieren. Reflexivität wurde vermehrt in den 1970er Jahren als subversives Instrument zur Aufdeckung verborgener Machtstrukturen, von Ungerechtigkeiten und Unterdrückung, mit dem Film in Verbindung gebracht. Hintergrund dieses Verständnisses war u.a. eine Anwendung Brecht'scher Ideen auf den Film.

Um die Untersuchung sinnvoll einzugrenzen, werden nur *mockumentaries* betrachtet, die für das Fernsehen konzipiert und dort ausgestrahlt wurden. Nicht nur, dass das Fernsehen den größten Absatzmarkt für dokumentarische Filme bietet, im Kontext der Kultur- als Medienkritik steht es häufig im Mittelpunkt der Aufmerksamkeit. Der Dokumentarfilm im Fernsehen gerät in doppelter Hinsicht auf den Prüf-

---

[4] Vgl. neben Bickenbach, 2005.: Schreitmüller, Andreas: Alle Bilder lügen. Foto – Film – Fernsehen – Fälschung. Konstanz: UVK 2005. / Doll, Martin: »Dokumente«, die ins Nichts verweisen? TV-Fälschungen als Indikatoren der Modi journalistischer Wahrheitsproduktion. In: Segeberg, Haro (Hg.): Referenzen. Zur Theorie und Geschichte des Realen in den Medien. Schriftenreihe der Gesellschaft für Medienwissenschaft. Marburg. Schüren. 2009. / Gerhards, Claudia: Die Realität des Fernsehfakes. Kleine Geschichte zur Inszenierung von TV-Wirklichkeiten. In: Gerhards, Claudia et. al. (Hgg.): TV-Skandale. Konstanz: UVK 2005. S. 281 - 297. u.a.

[5] Vgl. ebd. S. 184.

stand. Hier würde dann auch die Korrekturfunktion von *mockumentaries* einsetzen, die dem Medium, das sonst transparent zu sein scheint, den Spiegel vorhält und auf die realitätskonstruierenden Strategien hinweist. Damit würden sie einen wertvollen Beitrag leisten zu einem emanzipatorischen Gebrauch des Mediums.

Im analytischen Teil der vorliegenden Studie wird der Zugang über die exemplarische und vergleichende Analyse zweier *TV-mockumentaries* gewählt, die auf dem europäischen Kulturkanal ARTE ausgestrahlt wurden. Dabei soll die senderinterne Ankündigung der Filme, als paratextuelle Rahmung, besondere Berücksichtigung finden. Zu den Paratexten von Film und Fernsehen erschienen jüngst einige Forschungsbeiträge[6], auf die sich die nachstehenden Ausführungen berufen.

Ziel ist es, das Auftreten dieser Formen im Zusammenhang mit bestimmten kontextuellen Faktoren, wie Sendeschema und Zuschauererwartung, zu rekonstruieren und somit einen Beitrag zu einer systematischeren Betrachtung zu liefern. Anschließend soll in dieser erweiterten Perspektive erneut nach den Funktionen von *mockumentaries* gefragt werden.

1.1 Begriffsbestimmung und Filmkorpus

Häufig wird schon eine verwackelte Handkamera als Indiz einer Vereinnahmung dokumentarischer Strategien im fiktionalen Film gewertet. Die ersten *Dogma*-Filme versuchten durch eine behauptete Stilaskese mehr Nähe zur Wirklichkeit herzustellen. Sie erweiterten damit das Formenrepertoire realistischer Filme. Die Vertreter der dänischen *Dogma* Bewegung waren dabei sicherlich nicht die ersten, die sich dieses Realitätseffekts bedienten und auch über ihr Schaffen hinaus gibt es vergleichbare Stilproben.

Ein besonders hervorstechender Vertreter ist der amerikanische Horrorfilm BLAIR WITCH PROJECT (Daniel Myrick/ Eduardo Sánchez, 1999). Er beginnt mit der Schrifteinblendung: „In October of 1994, three student filmmakers disappeared in the woods near Burkittsville, Maryland, while shooting a documentary... A year

[6] Kreimeier, Klaus / Stanitzek, Georg: Paratetxte in Literatur, Film, Fernsehen. Akademie Verlag: Berlin 2004. / Böhnke, Alexander: Paratexte des Films. Über die Grenzen des filmischen Universums. Transcript: Bielefeld 2007. / Nitsche, Lutz: Hitchock – Greenaway – Tarantino. Paratextuelle Attraktionen des Autorenkinos. Metzler: Stuttgart/Weimar 2002.

later, their footage was found.“ BLAIR WITCH PROJECT sei eine Zusammenstellung dieser wiedergefundenen Filmaufnahmen. Die drei Studenten machen sich zunächst mit dem Vorhaben auf den Weg, einen Dokumentarfilm über eine Hexenlegende zu drehen. Während der Dreharbeiten verirren sie sich im Wald. Nach einer Reihe mysteriöser Zwischenfälle wird die Existenz eines hexenhaften Wesens zunehmend wahrscheinlicher. Als die Filmaufnahmen schließlich abrupt abbrechen, wird der Zuschauer darüber im Unklaren gelassen, was mit den drei Studenten geschah. Um den Bekanntheitsgrad des Films vor seiner Distribution zu steigern, wurden im Internet gezielt Diskussionen um die Echtheit des Materials lanciert.[7] Doch spätestens nachdem der Film in den Kinos angelaufen war, bestand über seinen fiktionalen Status kein Zweifel mehr.

Ein ähnlicher Fall ist der Spielfilm MAN BITES DOG (Rémy Belvaux, 1992). Hier begleitet ein Reportageteam den Serienmörder Ben in seinem Alltag. Auch in diesem Film sind die Bilder meist verwackelt und in schwarz-weiß gehalten. Das Filmteam lässt sich zunehmend auf die perfide Weltsicht des Killers ein, wird schließlich zu Komplizen und Mittätern seiner Gewaltakte und muss teilweise mit dem Leben dafür bezahlen. Beide Filme werden häufig als *Pseudo*-Dokumentarfilme beschrieben. Während in BLAIR WITCH PROJECT über die Anwendung des Stils eine spannende Erzähldramaturgie geschaffen werden soll, wurde MAN BITES DOG häufig als Kritik an grenzenlosem Sensationsjournalismus verstanden. Beiden Filmen ist jedoch gemeinsam, dass sie vorgeben, Aufnahmen zu präsentieren, die das Rohmaterial zu Dokumentarfilmprojekten liefern sollten. Dieser Unterschied zwischen Dokumentarfilm und dokumentarischem Material ist von zentraler Bedeutung für eine sinnvolle Einschränkung des Begriffs *mockumentary.* Im Verständnis, das den nachstehenden Ausführungen zugrunde liegt, sind *mockumentaries* fingierte Dokumentarfilme, auf deren fiktionalen Status durch interne oder externe Markierungen hingewiesen wird. Damit wird das weite Feld fiktionaler Filme, die sich dokumentarischer Elemente bedienen, vom Untersuchungsgegenstand abgegrenzt. Entscheidend ist somit nicht die Inszenierung einer intradiegetisch agierenden Kamera - im Gegensatz zum oftmals extradiegetisch bleibenden Kamerablick des Spielfilms. Ausschlaggebend ist, dass die Zuschauer den Eindruck gewinnen, ihnen werde ein »fertiger« Dokumentarfilm präsentiert.

---

[7] Auf der Homepage zum Film werden Fotos der verrosteten Filmdosen ausgestellt, die angeblich gefunden wurden. Vgl. http://www.blairwitch.com/legacy.html 27.10.2009.

Eine weitere Sonderform der Adaption dokumentarischer Gestaltungsweisen wurde von Hißnauer mit dem Begriff der „fiktiven Dokumentation“ bedacht. Er bezeichnet damit Filme, die ein dokumentarisch gestaltetes Konditional im Hinblick auf zukünftige Entwicklungen oder hypothetische Ereignisse in Vergangenheit und Gegenwart entwerfen. Als Beispiel nennt er u.a. den dreiteiligen Film 2030 - AUFSTAND DER ALTEN (2007, Jörg Lühdorff), der vom ZDF ausgestrahlt wurde. Der Film entwirft ein Zukunftsszenario, das angeblich die Folgen des demographischen Wandels in Deutschland im Jahr 2030 realitätsnah prognostiziert und sich dabei als investigativer Dokumentarfilm ausgibt. Bei den „fiktiven Dokumentationen soll „die Adaption dokumentarischer Stilmittel“ laut Hißnauer, „auf die faktische Basis verweisen, die den fiktiven Ereignissen zugrunde liegt“. [8] Die „fiktiven Dokumentationen“ heben laut Hißnauer eine „aufklärerisch-politische Intention“, denn über die „Popularisierung von Wissen“ würden sie gleichzeitig viele Zuschauer erreichen und gesellschaftliche Debatten anregen.[9] Der fiktionale Status dieser Filme wird meist durch paratextuelle Markierungen oder Hinweise im Film evident. Hißnauer bemerkt zu Recht, dass die Kategorisierung von Roscoe und Hight diese Art von Filmen nicht erfasst. Sie als *mockumentaries* zu deklarieren, scheint jedoch zunächst sinnvoll. Auch hier müsste m.E. jedoch die Frage nach den Funktionen jenseits einer Reflexivität der dokumentarischen Form und jenseits einer vorschnellen Unterstellung bestimmter Intentionen gestellt werden.

Das Kompositum *mockumentary* beinhaltet das engl. Verb *(to) mock,* was sowohl fälschen, nachahmen als auch verspotten heißen kann.[10] Der Begriff impliziert dabei immer schon eine Funktionszuschreibung, die oft als selbstverständlich vorausgesetzt wird: *Mockumentaries* verspotten durch die Nachahmung bestimmter Darstellungsmodi dokumentarischer Filme die Gattung und ihren persuasiven Wirkungsanspruch. Gegenüber der Wortschöpfung *fake-docu* ist der Begriff *mockumentary* deswegen zu bevorzugen, weil *fake* im Sinne einer Fälschung nicht notwendig impliziert, dass es sich um die Nachahmung eines Vorbilds handelt, die als solche erkennbar gemacht wird. Das Spezifische an *mockumentaries* liegt aber

---

[8] vgl.: Hißnauer, Christian: *MöglichkeitsSPIELräume. Fiktion als dokumentarische Methode. Anmerkungen zur Semio-Pragmatik Fiktiver Dokumentationen.* In: Medienwissenschaft. Rezensionen/Reviews. Hrsg. von Jürgen Felix, Heinz-B. Heller, Karl Prümm, Karl Riha. Marburg, Heft 1/2010. S. 26.

[9] vgl.: ebd. S. 25.

[10] Vgl.: Simpson, J.A. / Weiner, E.S.C. (ed.): The Oxford English Dictionary. 2. Aufl. Bd. 9. Oxford: Charendon Press 1989. S. 935.

darin, dass sie ihren Status als Nachahmung dokumentarischer Darstellungspraxen immer zu erkennen geben. Abgesehen davon scheinen sich die Begriffe *mockumentary* bzw. *mock-documentary* mittlerweile im Sprachgebrauch durchgesetzt zu haben. Der Begriff soll hier beibehalten werden, jedoch ohne im Voraus eine Funktionszuschreibung zu leisten. Um den hier vertretenen Ansatz deutlich von den Begriffsimplikationen bei Roscoe und Hight abzugrenzen, wird im Folgenden die Kurzform *mockumentary* verwendet.

1.2 Entwurf eines Analyseschemas

Ein Analyseschema müsste nach verschiedenen Kriterien fragen, welche die Glaubwürdigkeit, im Sinne diskursiv ausgehandelter Darstellungszusammenhänge, prägen. Zu untersuchen wäre dann, wie sich die *mockumentaries* zu den Ebenen verhalten, die Glaubwürdigkeit erzeugen.

Berücksichtigt werden muss dabei zunächst das Mediendispositiv,[11] in dem *mockumentaries* erscheinen. Demnach gilt es zu berücksichtigen, ob ein Film im Kino, Fernsehen, Internet oder auf DVD veröffentlicht wird. Das Dispositiv ist ein wichtiger Faktor für die paratextuelle Rahmung. Als Programmmedium bietet das Fernsehen andere Strukturen als die DVD. Dabei findet sich ein Hinweis auf den fiktionalen Status von *mockumentaries* häufig schon in den Programmankündigungen. Auch die institutionelle Rahmung verdient dabei besondere Beachtung. Beim Fernsehen wäre dies die Sendeanstalt bzw. der Sender und eventuell die Redaktion, die für die Verbreitung verantwortlich gemacht werden kann.

Des Weiteren, und eng damit verknüpft, muss die Art des dokumentarischen Repräsentationsmodus als wichtiges Kriterium zählen. Ob künstlerisch ambitionierter Autorendokumentarfilm oder journalistische Fernsehreportage - es verbinden sich unterschiedliche Ansprüche bzw. Erwartungshaltungen mit dem Modus des dokumentarischen Arbeitens.

Außerdem unterscheiden sich die *mockumentaries* nach dem Grad ihrer internen Markierung. In komödiantischen Filmen wird die Übernahme dokumentari-

[11] Der Begriff wird hier in Anlehnung an Hickethier verwendet. Ein Dispositiv umfasst dabei die Interdependenzen zwischen Technik, Institutionen, Programme, Rezeption und Subjektverständnis. Vgl. Hickethier, Knut: *Dispositiv Fernsehen*. In: montage/av. Jg. 4. 1/1995. S. 63 -83.

scher Formen entweder übertrieben, etwa wenn Eric Idle als Fernsehreporter in THE RUTLES (Eric Idle, 1978) einer zunehmend beschleunigten Kamerafahrt hinterher eilen muss. Oder sie werden mit surrealistischen Elementen ausgehebelt, wie in ZELIG (Woody Allen, 1983), wenn Woody Allen - abgesehen von der Tatsache, dass er als menschliches Chamäleon die physiologischen und geistigen Merkmale jeder beliebigen Person annehmen kann - in einer Einstellung die Wände hochgeht. Die interne Markierung kann außerdem über Anspielungen erfolgen, die das Dargestellte fragwürdig erscheinen lassen und auf ihren fiktionalen Status hinweisen. Es gibt jedoch auch Fälle, in denen diese Markierungen so dezent ausfallen, dass das Dargestellte auf der Ebene der Filmgestaltung von einem »echten« Dokumentarfilm kaum zu unterscheiden ist.

Eine vierte Kategorie ist das Verhältnis der Inhalte zu gesellschaftlichen Diskursen, Topoi und dem allgemeinen Weltwissen der Rezipienten, was die Medienkompetenz mit einschließt. Dies erlaubt es, die im „Mediensystem angelegten Erfahrungen und Verarbeitungsregeln“[12] mit einzubeziehen. Die Fernsehproduktion DER FALL DES ELEFANTEN (Volker Anding, 1986) etwa, greift Gerüchte und Legenden um den Sprung des Elefanten Tuffi aus der Wuppertaler Schwebebahn im Jahre 1950 auf und versucht das Ereignis durch quellen-kritische Recherche und durch die Anhörung von Augenzeugenberichten zu rekonstruieren. Am Ende bleibt offen, ob der Sturz aus der Bahn wirklich stattgefunden hat. Die Entscheidung wird dem gesunden Menschenverstand überlassen. Die Plausibilität kann erhöht werden, wenn ein Bezug zu Themen oder zu Topoi hergestellt wird, die beim Rezipienten als bekannt vorausgesetzt werden können und daher die Bereitschaft fördern das Dargestellte für glaubwürdig zu halten.

Die vier Kategorien können sowohl der Zu- als auch der Aufdeckung der Täuschung dienen. Wichtig ist nur, dass in mindestens einem Bereich Hinweise auf den fiktionalen Status gegeben werden. Darüber hinaus lassen sich *mockumentaries* selbstverständlich auch hinsichtlich ihrer Funktion unterscheiden. Liegt die Hauptfunktion darin Komik zu erzeugen, werden dem Zuschauer, wie bereits erwähnt, augenfällige Hinweise auf den fiktionalen Status gegeben. Bei Hybridformen wie AUFSTAND DER ALTEN, die dokumentarische Darstellungsmodi offenkundig nutzen, um eine mehr oder weniger faktenbasierte Spekulation filmisch aufzubereiten,

---

[12] Schulz, Winfried: Massenmedien und Realität. Die „ptolemäische“ und die „kopernikanische“ Auffassung. In: ders. /Kaase, Max (Hgg.): Massenkommunikation. Theorien, Methoden, Befunde. Westdeutscher Verlag: Opladen 1989. S. 142.

sind die Funktionen wohl wieder ganz anders gelagert. Bei Filmen, welche die Camouflage weiter treiben und durch täuschende interne und externe Markierungen vorgeben, tatsächlich dokumentarisch zu sein, sind die Funktionen schwieriger herauszustellen. Daher wird auf sie in den nachstehenden Ausführungen schwerpunktmäßig eingegangen. Es ist grundsätzlich davon auszugehen, dass ein Film mehrere Funktionen erfüllen kann.

1.3 Bisheriger Forschungsstand

Jane Roscoe und Craig Hight gelten als die ersten, die eine Typologie entwerfen, die sich anhand verschiedener Grade der Aneignung und reflexiven Auseinandersetzung mit den Kodes, Konventionen bzw. Darstellungsmodi des Dokumentarfilms ergibt. Ihren Untersuchungsgegenstand bezeichnen sie als *mock-documentaries*. Sie wählen dieses Kompositum, um deutlich zu machen, dass es sich ihrer Ansicht nach um Filme handelt, die sich stets auf den Dokumentarfilm als zu kopierende oder - je nach typologischen Grad - zu diffamierende Diskursform beziehen und sich auf eine gemeinsame „parodic agenda“ festlegen lassen.[13] Wie dem Untertitel unschwer zu entnehmen ist („*mock-documentary and the subversion of factuality*“), wird der Form ein subversives Potential zugeschrieben. Die *mock-documentary*-Form tritt daher in enge Beziehung zu reflexiven Dokumentarfilmen, die ihre eigenen Bedingungen kritisch reflektieren. Während diese reflexiven Formen innerhalb der Zuschreibungsgrenze *Dokumentarfilm* bzw. nicht-fiktionaler Film verbleiben, scheinen die *mock-documentaries* von diesem kompromittierenden Kontext befreit.[14]

Die graduellen Abstufungen des Reflexionsniveaus der Filme führen zu einem dreigliedrigen Klassifizierungsschema. Ganz unten befindet sich die Parodie, gefolgt von der Kritik und gekrönt von der Königsdisziplin, der Dekonstruktion. Filme der untersten Kategorie setzen das für die Form typische Reflexionspotential noch nicht um: “their filmmakers do not intend to make explicit the inherent reflexivity of the mock-documentary form.”[15] Da dem Zuschauer der fiktionale Status der Darstellung deutlich vor Augen geführt werde, sei die reflexive Auseinandersetzung mit den

[13] Vgl. Roscoe/Hight, 2001. S. 1.
[14] Vgl. ebd. S. 32 f.
[15] Ebd. S. 100.

dokumentarischen Glaubwürdigkeitspostulaten erwartungsgemäß auch nicht so kritisch. Ziel der Filme sei es, Mythen der Populärkultur zu parodieren; dabei rührten sie jedoch nicht an die Grundfesten des Dokumentarischen, sondern offerierten einen nostalgischen Blick.

In die zweite Kategorie nehmen die Autoren Beispiele auf, die zwar - wie die Parodie - ihren fiktionalen Status preisgeben, allerdings seien Filme dieser Gruppe inhaltlich zusätzlich mit einem kritischen Unterton angereichert. Die Autoren sprechen daher von einer ambivalenten Übernahme dokumentarischer Codes. Die Zuschauer würden dazu angeregt, die mediale Praxis zu hinterfragen - entweder direkt, durch die im Film geäußerte Kritik - oder indirekt, dadurch, dass der fiktionale Status zunächst nicht erkannt wird und sich die Filme erst im Nachhinein als Finte („*hoax*") erwiesen. Ferner würden häufig politisch motivierte Beanstandungen an bestimmten soziokulturellen Erscheinungen vorgebracht. Prinzipiell stünde die Kritik im Konfliktverhältnis zur grundlegenden Bereitschaft der Filme, dem faktografischen Diskurs weiterhin das Vertrauen auszusprechen.[16]

Eine der Schwierigkeiten dieses typologischen Zugriffs zeigt sich in der Doppelzuordnung des Films FORGOTTEN SILVER (Peter Jackson / Costa Bates, 1995). Je nachdem, ob die Zuschauer die reflexive Auseinandersetzung des Films mit der dokumentarischen Form erkennen oder nicht - so schlagen es die Autoren vor - könne man ihn entweder der parodistischen oder der kritischen Kategorie zurechnen. Im ersten Fall beziehen sich die Autoren auf den Text, im zweiten Fall zusätzlich auf Kontexte, wie die paratextuelle Rahmung und deren Bedeutung für die unterschiedlichen Zuschauerreaktionen.[17] Damit wird in ein und demselben typologischen Schema mit verschiedenen Kriterien operiert. Es sollten jedoch für alle Kategorien die gleichen Kriterien zur Anwendung kommen, wenn man ein konsistentes Schema entwerfen möchte.

Während sich eine kritische Haltung gegenüber den Authentizitätsversprechen bei der Parodie nicht zwangsläufig ergebe, sei diese Zuschauerreaktion dafür bei der Dekonstruktion unumgänglich. Filme, die in diese Sparte fallen, stellen die Annahmen und Erwartungen an Dokumentarfilme demnach durchgängig in Frage. Die Autoren sprechen auch von einer feindlichen Aneignung der dokumentarischen Form. Dabei sei der fiktionale Status bei dieser Kategorie am schwersten zu erken-

---

[16] Vgl. ebd. S. 131.

[17] Vgl. ebd. S. 115 ff. und S.144 ff.

nen.[18] Die Autoren nennen MAN BITES DOG als prominenten Vertreter dieser Kategorie, da er radikal die Ideologie des beobachtenden Modus des dokumentarischen Films reflektiere.[19]

Roscoe und Hight gelingt es nicht die Diskrepanz zwischen intendierter und tatsächlicher Wirkung des von ihnen als wesentlich erkannten reflexiven Potentials von *mock-documentaries* zu konzeptualisieren. Daher kann ihr Klassifikationsschema, wie von ihnen selbst betont wird, nur als vorläufiger Entwurf gelten.[20] Ein Grund für die Unzulänglichkeit des Schemas könnte das zugrunde liegende Dokumentarfilmverständnis sein, wobei sich die Autoren an den Schriften des Filmtheoretikers Bill Nichols orientieren. Nichols vertritt die Vorstellung eines sozial engagierten Dokumentarfilms, der von Zuschauern als Informationsquelle genutzt wird. Er sieht in dieser durchaus lustvollen Wissensaufnahme (*epistephelia*) die soziale Funktion des Dokumentarischen begründet.[21] Die Intention der Filmemacher sei stets dem Berufsethos verpflichtet: „Documentary filmmakers seek to represent their subjects fairly and honestly, while still maintaining editorial control."[22]

Diese idealistische Vorstellung scheint, unabhängig von finanziellen Zwängen und deren Einfluss auf Produktionsprozesse des Medienmarktes, die Integrität der Macher zu gewährleisten. Dabei versuchen nicht nur berühmte TV-Fälscher wie Michael Born ihre Fälschungspraxis mit dem Druck einer auf ökonomische Prinzipien gerichteten Produktionsweise zu legitimieren.[23]

Ein weiterer Kritikpunkt am Klassifikationsschema ist die mangelnde Berücksichtigung der unterschiedlichen Mediendispositive. Obwohl die Autoren darauf aufmerksam machen, dass die institutionellen Kontexte von Kino und Fernsehen sich unterscheiden,[24] schlägt sich diese Erkenntnis nicht in der Konstruktion der Typologie nieder.

In den Forschungsbeiträgen, die bisher zu *mockumentaries* erschienen sind, wird die Nähe zu reflexiven Formen des dokumentarischen Films immer wieder betont:

---

[18] Vgl. ebd. S. 160 ff.
[19] Vgl. ebd. S. 170.
[20] Vgl. ebd. S. 5.
[21] Vgl. Nichols, Bill: Representing Reality. Indiana Univ. Press: Bloomington 1991, S. 30 f. und Nichols, Bill: Introduction to Documentary. Indiana Univ. Press: Bloomington, u.a. 2001. S. 40.
[22] Roscoe/Hight, 2001. S. 15.
[23] Born war im Dezember 1996 vom Landgericht in Koblenz verurteilt worden, weil er 22 TV-Beiträge, die u.a. von Stern und Spiegel TV gesendet wurden, nachweislich gefälscht hatte.
[24] Roscoe/Hight, 2001. S. 25.

„Although a significant subset of 'real' documentaries certainly can do self-reference their artifice, as well as the deceptions that can and do organize the moral and social, this revelatory action is the *definitive* project of the fake documentary."[25]

Rhodes und Parris verweisen in der Einführung zu der Aufsatzsammlung DOCUFICITIONS auf die Rolle der Hybridformen, welche darin gesehen wird, die theoretische Reflexion über eine Dichotomisierung von fiktionalen und nicht-fiktionalen Filmen in der Filmtheorie neu anzuregen.[26] Sie sprechen sich dafür aus, Spiel- und Dokumentarfilm auf kultureller Ebene nicht mehr als reine Antagonisten zu stilisieren. Sie heben außerdem die Signalwirkung intertextueller Bezüge hervor, die den Zuschauer, sofern er über entsprechendes Wissen verfügt, erkennen lassen, dass es sich um einen „metacommentary" handle.[27]

Soweit sich die bisherigen Forschungsbeiträge im Rahmen der vorliegenden Studie überblicken lassen, werden *mockumentaries* primär im Hinblick auf ihre soziale Funktion untersucht. Von dieser Perspektive ausgehend werden dann strukturelle Eigenschaften analysiert. Dabei stimmen die Beiträge darin überein, dass man der Form ein subversives, aufklärerisches Potential und damit pädagogische Qualitäten zuschreiben könne.[28] Indem sie Konventionen bewusst machten und so bisher Selbstverständliches in Frage stellten, seien sie immanent kritisch - eine These, die sich durch die Behauptung zu bestärken scheint, dass viele *mockumentaries* aus dem Independent-Bereich stammen und daher von institutionellen Zwängen scheinbar weitgehend frei bleiben.[29] Außerdem findet sich die Ansicht, die parodistische Ausrichtung der Filme sei ein Indiz für eine postmoderne Ästhetik, die sich in Konfrontation mit einer erkenntniskritischen Krise herausgebildet habe.[30]

Die Form wird allgemein eher positiv bewertet und ihre Funktion als ein Spiegel medialer Täuschungsmanöver in ihrem aufklärerischen Wert begrüßt. Allerdings beschränken sich die Untersuchungen überwiegend auf eine Erfassung der Filme als mehr oder weniger abgeschlossene Textgebilde und schließen Kontexte, wie paratextuelle und institutionelle Aspekte, nicht in ihren Betrachtungshorizont ein. Für

---

[25] Juhazs, Alexandra: Phony definitions. In: dies. /Lerner, Jesse (ed.): F is for phony. Fake documentary and truth's undoing. Minneapolis/London: University of Minnesota Press 2006. S. 2.
[26] Vgl.: Rhodes, Gray D./Springer, John Parris: docufictions. Essays on the Intersection of Documentary and Fictional Filmmaking.: London u.a.: McFarland & Company 2006. S. 3 ff.
[27] Vgl. Rhodes/Parris, 2006. S. 5.
[28] Vgl. Juhazs, 2006. S. 12.
[29] Vgl.: ebd. S. 5.
[30] Vgl.: Bayer, Gerd: *Artifice and Artificiality in Mockumentaries*. In: Juhasz /Lerner, 2006. S. 170./ Roscoe/Hight, 2001. S. 28 f.

die Klärung der Funktionen von *mockumentaries* ist die Erweiterung der Perspektive jedoch von eminenter Bedeutung.

2. Der dokumentarische Film im Zeichen des Verdachts

Die Zuweisung einer subversiven Funktion an *mockumentaries* gründet in der Vorstellung, sie könnten die Selbstverständlichkeit unhinterfragter dokumentarischer Repräsentationen der Realität durchbrechen. Allerdings bleibt zu klären, ob nach diesem Verständnis alle dokumentarischen Abbildparadigmen prinzipiell verdächtigt werden oder ob sich die Kritik gegen einzelne Formen im Besonderen wendet und in welchen Traditionszusammenhang sich diese Bewertung daher eventuell einordnen lässt. Die theoriegeschichtliche Genese des Dokumentarfilmbegriffs hat zwar unterschiedliche Ausformulierungen hervorgebracht, allerdings ist ihnen allen gemeinsam, dass der Dokumentarfilm stets in Abgrenzung zu einem mehr oder minder diffusen Täuschungs- und Manipulationsverdacht steht. Von der Praxis wird dieses Problembewusstsein am deutlichsten von reflexiven Formen zum Ausdruck gebracht, die mit *mockumentaries*, aufgrund des postulierten inhärent-reflexiven Potentials, in einem noch nicht näher geklärten Verwandtschaftsverhältnis zu stehen scheinen.

Die theoriegeschichtliche Auseinandersetzung mit dokumentarischen Filmen kreist um die Schwierigkeit eine letztgültige Definition zu finden, die sämtliche Spielarten der dokumentarischen Gattung erfasst. Die Geschichte des dokumentarischen Films zeigt, dass sich neue Formen stets an Schwellen situieren lassen, an denen das Vertrauen gegen alte Darstellungskonventionen allmählich durch den stets latent vorhandenen Täuschungs- und Manipulationsverdacht aufgeweicht wird. Dabei führen Paradigmenwechsel in der Filmwissenschaft auch zu einer veränderten Zugriffsweise auf den Gegenstandsbereich »Dokumentarfilm«. Dies regte neue Untersuchungen an, die der Kompassnadel des erkenntnisleitenden Interesses folgen und überkommene Vorstellungsbilder in Zweifel ziehen.

2.1 Der dokumentarische Film in der frühen Filmgeschichte

Blickt man auf die Geschichte des Dokumentarfilms, scheint seine Geburtsstunde genau benennbar zu sein: am 28. Dezember 1895 im Indischen Salon des Grand-Café auf dem Boulevard des Capucines in Paris führten die Gebrüder Lumière ihren *Cinematographe* zum ersten Mal vor zahlendem Publikum vor. Dem Filmschaffen der Lumières wurde häufig das Werk George Méliès' gegenübergestellt, um daran eine „erste Dichotomie der Filmästhetik"[31] abzulesen. Laut Siegfried Kracauer stellten die Filme „das Alltagsleben nach der Art von Fotografien dar", er lobt ihre „fotografische Wirklichkeitstreue".[32] James Monaco sieht den Unterschied im Wesentlichen darin begründet, dass die Filme der Lumière Brüder „lediglich einen Ort, einen Zeitpunkt und eine Atmosphäre [...] wirkungsvoll"[33] wiedergaben, wohingegen Méliès schon früh die Möglichkeit „frappierende Phantasien zu produzieren" und „die Realität zu verändern"[34] erkannt habe. Es geht also um eine Archäologie der Differenz von fiktionalen und nicht-fiktionalen Filmen. Diese Dichotomisierung ist mittlerweile filmwissenschaftlich relativiert worden. Deutelbaum macht in einigen Werken der Lumières eine ausgefeilte sequentielle Narrationsstruktur aus, die sich von der zeitgenössischen Praxis deutlich abhebe. Die Lumières hätten entsprechend einer inhärenten Handlungslogik stets zielgerichtete oder zyklische Vorgänge zur Darstellung ausgewählt.[35] Hohenberger geht sogar noch weiter und sieht in den Filmen wegen ihrer formalen Geschlossenheit Vorläufer des Films als Erzählmedium.[36] Thomas Elsaesser verweist darauf, dass die Suche nach einer Tradition bzw. nach Pionieren des Kinos, die teleologisch auf einen kontinuierlichen Entwicklungsprozess vorauswiesen, sowohl an der Unübersichtlichkeit möglicher Wurzeln als auch an der nicht festschreibbaren kulturgeschichtlichen Identität *des* Films scheitern müsse.[37] Auch er leistet dabei, entgegen einer voreiligen Dichotomisierung, eine Umwertung der Bedeutung der Lumière Filme.[38]

Schon der kursorische Überblick macht deutlich, dass sich mit den Gebrüdern Lumière nicht ohne weiteres ein Stammbaum des Dokumentarfilms gründen lässt. Tom Gunning, der den frühen Film unter Berücksichtigung sozialer und ökonomischer Aspekte untersucht, sieht „grundlegende Unterschiede zwischen der frühen

[31] Monaco, James: Film Verstehen. 5. Aufl. 2004. Reinbek: Rowohlt 2000. S. 286.
[32] Kracauer, Siegfried: Theorie des Films. Die Errettung der äußeren Wirklichkeit. Frankfurt/Main: Suhrkamp 1964. S. 57.
[33] Ebd.
[34] Ebd.
[35] Vgl. Deutelbaum, Marshall: *Structural Patterning in the Lumière Films.* In: Fell, John L. (ed.): Film before Griffith. Berkeley u.a.: University of California Press 1983. S.301 f.
[36] Vgl. Hohenberger, Eva: Die Wirklichkeit des Films. Dokumentarfilm. Ethnografischer Film. Jean Rouch. Hildesheim u.a.: Georg Olms Verlag 1988. S. 8 ff.
[37] Vgl. Elsaesser, Thomas*: Realität zeigen: Der frühe Film im Zeichen Lumières.* In: Hoffmann/Keitz, 2001. S. 27 ff.
[38] Ebd. S. 46.

non-fiction und der späteren Dokumentarfilm-Produktion".[39] Der erste Weltkrieg stell eine Zäsur dar und damit eine Demarkationslinie zur Ausdifferenzierung. Für Gunning stellen Propagandafilme, die in dieser Zeit entstanden und die erstmals eine artikulierte Argumentation aufwiesen, die ersten Vertreter der Gattung dar.[40] Der klassische Dokumentarfilm operiere nicht beschreibend, sondern interpretierend. In den frühen nicht-fiktionalen Filmen, die er als „Ansichten" bezeichnet, behält das Dargestellte eine „weitgehende Unabhängigkeit vom Akt des Filmens".[41] Außerdem werde der „Akt visueller Aneignung"[42] von den Filmen selbst vorgeführt, denn gefilmte Personen reagierten auf die Aufnahmesituation, indem sie ihre Exponiertheit gegenüber der Kamera deutlich wahrnehmen. Auch Voyeurismus werde in dieser mimetischen Verdoppelung des Betrachtens thematisiert.[43] Laut Gunning unterscheiden sich die frühen dokumentarischen Filme von dieser Darstellungspraxis in radikaler Weise. Die Integrität der Einzeleinstellung gehe in ihnen verloren, stattdessen würden die Bilder zu „Beweismaterial oder zu Illustrationen im Rahmen einer Argumentation oder einer Geschichte".[44] Dadurch entstünde erstmals ein Authentizitätseindruck. Authentizität, die bisher keine Rolle gespielt hatte - da Fälschungen in den Ansichten nur zur Konsequenz hatten, dass sie das Gezeigte spektakulärerer machten - wird nun zum rezeptionsästhetischen Prinzip dokumentarischer Filme. Die entsprechende Erwartungshaltung des Publikums hat sich erst entwickeln müssen und hängt nicht ursprünglich mit dem Aufkommen des neuen Mediums zusammen. Dafür werden jedoch Strategien zum Einsatz gebracht, die in älteren Darstellungsverfahren kulturell vorgeformt waren.[45]

Aus der Zeit der Ansichten sind viele nachgestellte Aktualitäten unzugänglicher Ereignisse bekannt.[46] 1902 etwa inszenierte George Méliès die Krönung

---

[39] Gunning, Tom: *Vor dem Dokumentarfilm. Frühe non-fiction-Filme und die Ästhetik der »Ansicht«*. In: Kessler, Frank et. al. (Hgg.): Kintop 4 Jahrbuch zur Erforschung des frühen Films. Frankfurt a. Main 1995. S. 112.
[40] Vgl. ebd. S. 117 f.
[41] ebd. S. 114.
[42] Ebd. S. 115.
[43] Vgl. ebd. S. 116.
[44] Ebd. S. 118.
[45] Vgl. Berg, Jan: *Techniken der medialen Authentifizierung Jahrhunderte vor der Erfindung des „Dokumentarischen"*. In: Keitz / Hoffmann, 2001. S. 51 - 70.
[46] So z.B. der Film *The Battle of Santiago Bay* in dem Ende 1897 Stuart J. Blackton und Albert E. Smith spektakuläre Bilder einer Schlacht des spanisch-amerikanischen Kriegs in einem Aquarium in ihrem New Yorker Büro inszenierten. Vgl. Wortmann, Volker: Authentisches Bild und authentisierende Form. Köln: Von Halem Verlag 2003. S. 162 f.

Edwards des VII., bevor diese tatsächlich stattgefunden hatte.[47] Das Publikum nahm daran jedoch keinen Anstoß, im Gegenteil. Zu dieser Zeit sind die Zuschauer mit nachgestellten Szenen vertraut: Vulkanausbrüche, Kriege, Attentate, Sterbeszenen und Hinrichtungen.[48] In den Jahren 1907/08 allerdings kündigt sich eine Wende an, als durch eine Reihe von Aufklärungsartikeln über die Verfahrensweisen der Tricktechnik der Keim des Zweifels in den Zuschauern zu reifen beginnt. Zu dieser Zeit treten auch vermehrt Filme mit dezidiert dokumentarischem Anspruch auf. Es hat schon eine gewisse Ironie, dass ausgerechnet ein Film von der Beerdigung des gleichen König Edwards VII., dessen Krönung gefälscht worden war, zu einem Misstrauensskandal hinsichtlich der Echtheit des Materials führte.[49] Fraglich ist, ob sich die Ansprüche der Zuschauer so schnell wandeln konnten, oder ob sie tatsächlich erst über die Tricktechniken aufgeklärt werden mussten, um diese Fälschungen zu erkennen. Allerdings spricht auch viel dafür, dass die Gewinnung eines seriösen, bürgerlichen Publikums eine neue Produktionspraxis und eine neue Erwartungshaltung befördert haben könnte.

Zusammenfassend lässt sich festhalten, dass die archäologische Suche nach der Spur einer frühen dichotomischen Unterscheidung von fiktionalem Film und Dokumentarfilm sich vorerst als schwieriger herausstellt, als dies lange Jahre von der Filmgeschichtsschreibung vertreten wurde. Weder die Brüder Lumière noch die frühen Aktualitätenfilme lassen sich einfach als Archetypen des dokumentarischen Films vereinnahmen. Erst der Bedeutungswandel des Films, der sich im Zusammenspiel mit sozialen, kulturellen, ökonomischen und technischen Faktoren ergeben hat, beförderte eine Ausdifferenzierung.

---

[47] Zu einer Reihe weiterer inszenierter Dokumentarfilme der ersten Stunde vgl. Schwartz, Hillel: Déjà vu. Die Welt im Zeitalter ihrer tatsächlichen Reproduzierbarkeit. Berlin: Aufbau Verlag 2000. S. 298 f.

[48] Vgl. Lenk, Sabine: *Der Aktualitätenfilm vor dem Ersten Weltkrieg in Frankreich.* In: Kessler, Frank et. al. (Hg.): KINtop 6. Jahrbuch zur Erforschung des frühen Films. Frankfurt/Main 1997. S. 52

[49] Vgl. ebd S. 53.

2.2 Abgrenzung vom Spielfilm

Die frühesten Theorieansätze, auf die sich die Dokumentarfilmforschung beruft, finden sich in den Schriften von Dziga Vertov und John Grierson. Trotz unterschiedlicher Weltanschauung und politischer Ausrichtung haben Vertov und Grierson ihre eigene Dokumentarfilmpraxis in antagonistischer Stellung zu der zeitgenössischen Spielfilmpraxis konzeptualisiert. Ihre Schriften reichen dabei über den legitimierenden Bezug zum eigenen Schaffen hinaus.

Vertov lehnt den Spielfilm ab, weil er ihn als „literarisches Skelett plus Filmillustration“[50] und als Agent eines bürgerlichen Kunstverständnisses wertet.[51] Sein Gegenentwurf sieht eine Ontologisierung des Films auf Basis seiner Materialästhetik vor. Dokumentarisch heißt in diesem Sinne: der neuen Wahrnehmungslogik des maschinellen Filmapparats folgend.

Ganz andere Implikationen verbinden sich in Griersons theoretischen Überlegungen mit dem Dokumentarfilmbegriff. Die von ihm geprägte Formel des „*creative treatment of actuality*“ ist zu einem Gründungspfeiler eines eigenständigen Dokumentarfilmbegriffs avanciert. Griersons sozialwissenschaftlicher Hintergrund wirkte sich prägend auf seine Konzeptualisierung des Dokumentarischen aus.[52] Den Film sah er dabei als Hilfsorgan einer politisch-publizistischen Arbeit mit pädagogischen Intentionen. Die Schriften des Politologen Walter Lippmann, der die Massenkommunikation im modernen Verwaltungsstaat zu einer Überwindung der Krise in den westlichen Demokratien der 20er Jahre einsetzen wollte, haben entscheidenden Einfluss auf Grierson ausgeübt. Um dem „unentwegten Scheitern der Partizipation des Bürgers“[53] zu entgehen, sollen Experten die Bevölkerung im politisch verantwortlichen Sinne über wichtige Themen aufklären und so staatstragende Entscheidungsprozesse herbeiführen. Film hat diesem Verständnis nach einen Bildungsauftrag zu erfüllen. Eine Vorstellung, die sich noch heute im Programmauftrag der öffentlich-rechtlichen Fernsehsender wiederfindet.

---

[50] Vertov, Dziga: Kinoki-Umsturz. In: Hohenberger, Eva (Hg.): Bilder des Wirklichen. Texte zur Theorie des Dokumentarfilms. Berlin: Vorwerk8 1998. S. 68.

[51] Vgl. Vertov. Wir. Variante eines Manifests. In: Albersmeier, Franz-Josef (Hg.): Texte zur Theorie des Films. Stuttgart: Reclam 2003. S. 31.

[52] Vgl.: Hörl, Patrick: Film als Fenster zur Welt. Eine Untersuchung des filmtheoretischen Denkens von John Grierson. Konstanz: UVK 1996. S. 27.

[53] Hohenberger 1998. S. 13.

Auch Grierson findet seinen Dokumentarfilmbegriff in Abgrenzung zu einer zeitgenössischen Spielfilmpraxis und damit von Filmen, die er ob ihrer Künstlichkeit als Atelierfilme bezeichnet. Dem Dokumentarfilm spricht er keineswegs den Kunstcharakter ab, allerdings will er ihn nicht „als Ort individueller künstlerischer Selbstverwirklichung“[54] verstanden wissen. Vielmehr passt die soziale Funktion des Films zum Kunstverständnis Griersons, das sich primär darin erschöpft, Kunst als „Wahrnehmungshilfe“[55] zu verstehen, die einen klärenden Zugang zu Verhältnissen der Lebenswirklichkeit ermögliche.

Der Formgebungswille sei essentiell, wie Grierson in seiner Auseinandersetzung mit dem Werk Flahertys immer wieder betont. Er dürfe jedoch nicht zur leeren Hülle erstarren, wie in Walter Ruttmanns BERLIN – DIE SINFONIE DER GROßSTADT (1927), denn dann sei ein Film nicht nur wertlos, sondern auch gefährlich, da der fehlende soziale Anspruch von Grierson als reaktionär gewertet wird.[56] „Schöpfung“ bedeute „nicht Schaffung von Dingen, sondern von Werten“. Die zentrale Aufgabe des Dokumentaristen beginne dort, „wo man den Beobachtungen und den Bewegungen einen tieferen Sinn“ verleihe.[57] Für Grierson ist Robert Flaherty ein Pionier dieses Dokumentarfilmgedankens, obgleich er dessen romantisierendes Inuit-Porträt NANOOK OF THE NORTH (1922) nicht uneingeschränkt als Vorbild gelten lässt.

Grierson und Vertov verwerfen in der theoretischen Auseinandersetzung bisher dominante Repräsentationsmodi und ästhetische Konventionen insoweit, als dass ihr Entwurf einer neuen Wahrnehmungslogik in einem - in ihrem Sinne - dokumentarisch verstandenen Zugang zur Wirklichkeit mündet. Mit dem Gestus der Paradigmenablösung wollen sie die Realität nicht nur abbilden, sondern - mit je unterschiedlichen Bezugsrahmen - die Wirklichkeit auf ihre Wesenhaftigkeit (re-)konstruieren und eingreifend Einfluss nehmen.

---

[54] Hörl, 1996. S. 289.
[55] Ebd. S. 297.
[56] Vgl.: Grierson, John: *Grundsätze des Dokumentarfilms*. In: Hohenberger 1998. S. 90 - 102.
[57] Ebd. S. 96.

2.3 Das Abbildparadigma des filmischen Oberflächenrealismus

In den einflussreichen Theoriekonzeptionen des französischen Filmkritikers André Bazin und des deutschen Filmsoziologen Siegfried Kracauer wurde Film allgemein im Hinblick auf einen filmischen Oberflächenrealismus theoretisiert und dieser als Abbildparadigma inthronisiert.

Bazin leitet die Wesenhaftigkeit des Films nicht wie Vertov primär aus dessen technischen Materialeigenschaften, sondern aus der Stilgeschichte ab. Bazin zufolge ist die realistische Tendenz dem Medium wesensgemäß, somit ontologisch fundiert und aus einem kunsthistorischen Entwicklungsprozess, sowie aus anthropologischen Grundbedürfnissen heraus begründet.[58] Er vertritt zwar die Auffassung, dass die Filmtechnik dazu tendiere, den Realismus zu inkorporieren, aber eine monokausale Abhängigkeit zwischen technischen Voraussetzungen und filmischem Produkt sieht er nicht gegeben. Den Beweis für seine These führt er am Beispiel des medientechnologischen Übergangs vom Stumm- zum Tonfilm, der sich, seiner Ansicht nach, nicht durch einen Stilbruch, sondern vielmehr durch Kontinuität auszeichnet.[59] Bazin unterscheidet deshalb „les metteurs en scène qui croient à l'image et ceux qui croient à la réalité".[60] Der Filmautor tritt hier als Garant einer angemessenen Darstellung auf und wird von Bazin als dem Romanschriftsteller ebenbürtig beschrieben.

Auch Kracauer versteht den Film nicht als objektivierendes Aufzeichnungsinstrument, da der Mensch und sein formgebendes Streben nicht von der Apparatur zu dissoziieren seien. Allerdings dürfe das formgebende Streben „mit der realistischen Tendenz nicht in Konflikt [...] geraten".[61] Es käme auf die „richtige Mischung zwischen Wirklichkeitstreue und formgebenden Bemühen"[62] an. Entscheidend sei, dass das formgebende Verlangen hinter die Wirklichkeitstreue zurücktrete.

Für Bazin gilt der italienische Neorealismus als idealtypischer Vertreter des realistischen Films. Als angemessenes technisches Verfahren zur Erzeugung eines realistischen Stils wertet Bazin die mise-en-scène und lehnt die exzessive Montage ab. Gerade der polyvalente Charakter einer ungeschnittenen Einstellung - tendenziell eher uneindeutig und detailreich - ist eine wichtige Argumentationsfigur für Bazin,

---

[58] Vgl. Bazin, André: Ontologie de l'image photographique. In : Ders: Qu'est-ce que le cinéma? Paris : Les Edition du Cerf 1985. S. 9 - 17.
[59] Vgl. Bazin, André: L'évolution du langage cinématographique. In: Ders., 1985. S. 63 - 80.
[60] Ebd. S. 64.
[61] Kracauer, 1964. S. 41.
[62] Ebd.

der die spezifische Leistung dieses filmischen Realismus in seiner Offenheit für die Konstruktionsleitung des Zuschauers sieht.[63]

Gerade weil er die ontologische Bestimmung nicht mehr in der Technik, sondern im Stil sucht, rückt Bazin in die Nähe von Theoretikern, welche die „filmische Realitätswirkungen zu einer Angelegenheit des Glaubens, der stilistischen Konventionen und der gemeinsam ausgehandelten Regeln eines Spiels erklären".[64] Als in der Filmwissenschaft epistemologische Fragen in den Vordergrund rückten, wirkte Bazin zwangsläufig antiquiert. Erst Denker wie Deleuze oder Agamben, welche die Welt als immer schon vermittelt sehen, rückten verwandtschaftlich wieder in enge Beziehung zu Bazins Denken. Sie

> „entwerfen [...] das Projekt einer post-epistemologischen Ontologie des Kinos, wobei Kino einem Verständnis in Begriffen des Glaubens und Vertrauens eher zugänglich wird als in binären Kategorien der Wahrheit und der Täuschung, der Realität und ihrem Simulakrum."[65]

Adorno hat seinen Jugendfreund Siegfried Kracauer als „wunderlichen Realisten"[66] bezeichnet. Kracauer versteht den Film als Erweiterung der Fotografie. Mit dieser habe er zwar Grundeigenschaften gemeinsam, doch durch die Befähigung Bewegung aufzuzeichnen, ginge er über sie hinaus. Die Grundeigenschaften des Mediums begründen dabei sein Wesen. Als diesen nachgeordnet betrachtet Kracauer Schnitt bzw. Montage, welche er als technische Eigenschaften bezeichnet:[67] „Filme sind sich selber treu, wenn sie physische Realität wiedergeben und enthüllen."[68]

Kracauer grenzt den Film dabei von einem Kunstsystem ab, das durch Kriterien der Ästhetik, wie Ganzheit und Geschlossenheit, ein artifizielles Weltbild abbildeten, das der Zerrissenheitserfahrung der modernen Alltagswirklichkeit widerspräche:

---

63 Vgl. Bazin, André: Montage interdit. In: Ders., 1985. S. 49 - 61.

64 Elsaesser, Thomas: Ein halbes Jahrhundert im Zeichen Bazins. In: montage/av. Jg.18. 1/2009. S. 20.

65 Ebd. S. 29. vgl. hierzu Bazin: „Le dessin le plus fidèle peut nous donner plus de renseignements sur le modèle, il ne possédera jamais, en dépit de notre esprit critique, le pouvoir irrationel de la photographie qui emporte notre croyance." Bazin, 1985. S. 14.

66 Vgl.: Adorno, Theodor W.: Ein wunderlicher Realist. In: Theodor W. Adorno: Noten zur Literatur. Band 2. Herausgegeben von Rolf Tiedemann. Frankfurt/Main: Suhrkamp 1974. S. 388 - 408.

67 Kracauer, 1964. S. 56.

68 Ebd. S. 11.

> „Im Kunstwerk bleibt vom Rohmaterial selbst nichts übrig; oder genauer gesagt, alles was davon übrig bleibt, ist so geformt, daß [sic] es die Intentionen des Kunstwerks erfüllen hilft. In gewisser Weise verschwindet das realistische Material in den Intentionen des Künstlers.“[69]

Dem Film wird angesichts der Wirklichkeit enthüllende Kraft zugestanden, allerdings nicht im Sinne einer intellektuellen Durchdringung, sondern als sinnliches Erfassen. Kracauer kritisiert die intellektuelle oder ideologische Auslegung des Bildmaterials, „unter völliger Vernachlässigung des Eigengehalts der Bilder“[70], in zeitgenössischen Dokumentarfilmen. Filme registrierten schließlich „physische Realität um ihrer selbst willen“ und „tendieren dazu, das Bewußtsein [sic] zu schwächen“.[71] Das gesprochene Wort bleibe dem Film dabei äußerlich. Somit sieht auch Kracauer keine wesentlichen Modifikationen der filmspezifischen Ausdrucksstärke im Übergang vom Stumm- zum Tonfilm. Der Film gäbe dem Mensch etwas von seiner verlorenen Sinnlichkeit zurück und befreie ihn zeitweise von dem Druck der Vernunftbeherrschung. Filme sollten demnach unmittelbar wirken, ohne Umwege über eine begriffliche Logik.

Die realistische Form wird somit - sowohl von Bazin als auch von Kracauer - als adäquates Mittel zur Einlösung anthropologischer (Grund-) Bedürfnisse gesehen und übernimmt daher eine Kompensationsfunktion. Der Entwurf des realistischen Films bei Bazin und Kracauer verwirft die Künstlichkeit und plädiert für eine geordnete Formgebung, die nicht auf sich aufmerksam macht, sondern den Eindruck einer transparenten *Wiedergabe* von Wirklichkeit schafft. Vertov und Grierson ging es weniger um die Wiedergabe der Wirklichkeit, als um ihre *Durchdringung*, die nur durch einen entsprechenden Formeinsatz vonstattengeht.

Dieser Formeinsatz wird in den sechziger Jahren schließlich zum zentralen Kritikpunkt. Das Darstellungsparadigma des Grierson'schen Erklärdokumentarismus wird von der amerikanischen Filmbewegung des *Direct Cinema* zurückgewiesen. Insbesondere zur Berichterstattung des zum Leitmedium aufgestiegenen Fernsehens, die man als „lectures with picture illustrations“[72] sah, sollte die neue Form ein neues Primat der Bildebene gegenüber dem Kommentar etablieren. Die Entwicklung einer leichten 16mm-Kameraausrüstung mit kabellosem Synchronton-System ermöglichte fortan ein flexibleres Agieren in spontanen Aufnahmesituationen. Dadurch sollte der

[69] Kracauer, 1964. S. 389 f.
[70] Ebd. S. 277.
[71] Ebd. S. 216 f.
[72] Robert Drew zitiert nach: Beyerle, Monika: Authentisierungsstrategien im Dokumentarfilm: Das amerikanische Direct Cinema der 60er Jahre. Trier: Wissenschaftlicher Verlag WVT 1997. S. 72.

Eindruck erweckt werden, dass sprichwörtlich der Zufall Regie führen würde. Tatsächlich gaben die Vertreter des *Direct Cinema* vor, sich einer Nichtintervention in das profilmische Geschehen verschrieben zu haben. Als reine Beobachter wollten sie ihren Protagonisten keine Handlungsanweisungen geben, keine Interviews führen und keine Wiederholungen eines einmal stattgefundenen Ereignisses zulassen. Durch diese Restriktionen sollte die ungestellte Wirklichkeit unmittelbar auf den Zuschauer wirken können. Die „Überbetonung der Aufnahmephase“[73] lässt andere Operationen der Filmproduktion, wie Selektion des Aufnahmematerials oder die Eingriffe der Montage, zurücktreten. Die Kamera als neutrales Aufzeichnungsinstrument wird als alleiniger Garant der Authentizität stilisiert. Schließlich werden auch „technische Mängel als Darstellungsbestandteil im Film“[74] belassen, um einen Transparenzeffekt zu erzeugen. Auch das *Direct Cinema* bedient sich somit einer Ästhetik, die - wie der italienische Neorealismus - durch den Transparenzeffekt einer Stilaskese authentisch wirkt.

2.4 Kulturtechnik vs. Technikontologie

Gegen die normativen Filmästhetiken von Bazin und Kracauer wurde spätestens in den siebziger Jahren breite Front gemacht. Kritisiert wurde dabei, dass der Film in Wesensanalogie zur Fotografie im Sinne einer Selbsteinschreibung der Natur (*pencil of nature*[75]) verstanden wurde. Dabei kann diese Ansicht in einem kulturellen Zusammenhang mit dem Topos acheiropoietischer Bilder gesehen werden. Die Authentizität der Zeichen wird dabei scheinbar dadurch verbürgt, dass sie nicht von Menschenhand geschaffen wurden. Prominentes Beispiel ist das Grabtuch von Turin, welches als bildtragende Berührungsreliquie vermeintlich das Antlitz von Jesus Christus zeigt. In einer mittelalterlichen Quelle des 14. Jahrhunderts findet das Tuch zum ersten Mal Erwähnung, wobei der Bischof von Troyes in einem Brief an den Papst Clemens VII. von Avignon seine Zweifel darüber äußert, ob das Phänomen

[73] Beyerle, 1997. S. 84.
[74] Wortmann, 2003. S. 198.
[75] So ein Buchtitel des Erfinders des Negativ-Positiv Verfahrens William Henry Fox Talbot aus dem Jahr 1844.

nicht viel eher durch geschickte Manipulation zustande gekommen sein könnte.[76] Bezeichnenderweise sollte ihm viele Jahrhunderte später durch die scheinbare Evidenz eines Fotonegativs ein vermeintlicher Echtheitsbeweis geliefert werden. 1898 wurde das Grabtuch erstmals von Secondo Pia fotografiert. Auf dem Negativ erschien das vermeintliche Abbild des Gottessohns.

Die Selbstdarstellung der Sache in ihrer Erscheinung lässt dabei das Medium transparent werden. „Une doute subsistait sur l'images à cause de la présence de l'homme",[77] schreibt André Bazin, der im intermedialen Vergleich die Malerei mit der Hypothek einer unvermeintlichen Subjektivität belastet sieht. Auch Roland Barthes beschreibt in seinem berühmten Essay *La chambre claire* die Emanation der Wirklichkeit in der Lichtspur ihrer fotografischen Reproduktion:

> "La peinture, elle, peut feindre la réalité sans l'avoir vue. Le discours combine des signes qui ont certes référents, mais ces référents peuvent être et sont le plus souvent des »chimères«. Au contraire de ces imitations, dans la Photographie, je ne puis jamais nier que *la chose a été là.*"[78]

Dort, wo der Mensch die technische Apparatur nicht beeinflussen könne, im Moment der fotochemischen Reaktion, werde das Lichtbild zum Abbild des Objekts. Auch jenseits einer Ähnlichkeit bliebe es die zweite Natur seines Referenten.[79] Ein „Es-ist-so-gewesen" in Realität und Vergangenheit sei konstitutiv für die Fotografie. Das fotografische Zeichen wird dabei als indexikalisch verstanden, es funktioniert nach der Logik einer Spur, die auf ein Abwesendes verweist.[80] Der Begriff des Referenten bei Barthes ist jedoch problematisch. Indem er den Referenten mit dem Objekt gleichsetzt, das sich zum Zeitpunkt der Aufnahme vor dem Objektiv befunden hat, verkürzt er einen komplexen Repräsentationszusammenhang. Nach Barthes ist der fotografische Referent „non pas la chose *facultativement* réelle à quoi renvoie une image ou un signe, mais la chose *nécessairement* réelle placée devant l'objectif".[81] Nicht nur,

---

[76] Vgl. Wortmann, 2003. S. 143.
[77] Bazin, 1985. S. 12.
[78] Barthes, Roland: La chambre claire. Note sur la photographie. Paris: Gallimard Seuil, 1980. S. 120.
[79] Vgl. ebd.
[80] Vgl. Peirce, Charles S.: Phänomen und Logik der Zeichen. Frankfurt/Main: Suhrkamp 1983. S. 64 ff.
[81] Vgl.: Barthes, 1980. S. 120.

dass hier der „Umweg über das Negativ“[82] ignoriert wird - und damit ein wichtiger Moment der Entstehung, der nicht frei von intentionalen Zugriffen bleiben muss - auch die deskriptive Zuschreibung, die einer Fotografie Bedeutung verleiht, wird nicht mitgedacht.

Derrida kritisiert, dass Barthes versucht habe den Beweis auf die Seite des Zeugnisses zu ziehen. Doch: „Là où il y a preuve, il n'y a pas témoignage.“[83] Er erläutert dies anhand des Prozesses um Rodney King 1993 in Los Angeles. Der Afroamerikaner wurde Opfer unverhältnismäßiger Polizeigewalt, was die Amateuraufnahmen eines Anwohners scheinbar bewiesen. Dieser filmische Beweis wurde aber sowohl von der Anklage als auch von der Verteidigung jeweils zweckgemäß interpretiert. Durch Einzelbildanalysen und Zeitlupe erschienen die Schläge weniger brutal. Um das Ereignis zu rekonstruieren, mussten daher Zeugenaussagen herangezogen werden, welche die Schuld der Polizisten belegbar machten. „On ne peut pas porter témoignage sans un discours,“[84] so Derrida. Jeder Diskurs aber beinhalte bereits ein Minimum an Technik und sei es nur durch das darin enthaltene Mindestmaß an Grammatizität und Rhetorizität.[85] Der Authentizitätswert aber „est à la fois rendue possible par la technique et menacée par elle, indissociablement“.[86] Durch die Zwischenschaltung von Technik in jedem Vermittlungsvorgang wird ein Garantieversprechen von der Ebene des Beweisens auf die des Bezeugens verschoben.

Riedel schlägt vor, den Referenten einer Fotografie immer im Hinblick auf den Verwendungszusammenhang zu verstehen und damit in Anbetracht der Art und Weise wie „die ikonische Spur als Index eingesetzt wird“.[87] Bilder sprechen nicht für sich, sondern werden durch Prozesse der Kontextualisierung und Semantisierung lesbar gemacht. Diese Prozesse erfordern jedoch notwendigerweise eine Instanz, die die Echtheit verbürgt. In diesem Zusammenhang rückt die Frage nach dem Verhältnis von Authentizität und verbürgender Instanz in den Blick. Erinnert sei dabei daran, dass auch Reliquien nicht von sich aus bedeuten, sondern kleine Zettelchen mit sich

---

[82] Ruchatz, Jens: *Realismus als dauerhaftes Problem der Fotografie. Zuschreibung vs. Technikontologie.* In: Laser, Björn et. al. (Hg.): Die dunkle Seite der Medien. Ängste, Faszinationen, Unfälle. Frankfurt/Main : Lang 2001. S. 181.

[83] Derrida, Jacques/ Stiegler, Bernard: Èchographies de la télévision. Entretiens filmés. Paris : Galilée/ Institut national de l'audiovisuel 1996. S. 107.

[84] Ebd. S. 107.

[85] Vgl.: ebd. S. 108.

[86] Ebd. S. 111.

[87] Riedel, Peter: *Photographische Referenz. Zur Konkretion des Indexbegriffs.* In: Medienwissenschaft. Rezensionen. Jg. 19. 3/2002. S. 287.

tragen, die ihre Echtheit verbürgen und eventuell ihre Herkunft benennen. Man bezeichnet sie als *authentica.*[88] Auch das griechische *authentikós* bezog sich auf Phänomene einer verbürgten Echtheit und stand somit stets im Zusammenhang mit einer urheberschaftlichen Instanz.[89] Das griechische Grundwort αὐθέντης wirkt in seiner Bedeutung von Machthaber und Urheber noch bis in das heutige Authentizitätsverständnis nach, insbesondere wenn es um Zuschreibung und Beglaubigung geht.

Authentisch ist kein Prädikat, das einem Gegenstand oder einer Person von sich aus zukommt. Der Begriffshorizont, unter dem Authentizität firmiert weist auf die Spuren historischer Konfigurationen hin. Dabei lässt sich unterscheiden zwischen einer diskursiven Zuschreibung, die Glaubwürdigkeit als Kommunikationsideal installiert und einem prädiskursiven Vertrauen, das sich von ursprungsmythischem Denken herleitet. Der Diskurs um die Abbildgenauigkeit fotografischer Medien zeigt, dass zwar Vergleiche mit einem ursprungsmythischen Denken gezogen werden, aber diese sich immer als Apologien gegen Täuschungs- und Manipulationsverdächtigungen lesen lassen, d.h. das Verhältnis zur Ursprünglichkeit ist von vorneherein ein getrübtes, keineswegs natürliches oder gar sich selbst erklärendes. Glaubwürdigkeit als moralische Kategorie muss hingegen in der jeweiligen Kommunikationssituation taxiert werden. Der Begriff der Authentizität steht dabei im affirmativen Gegensatz zur Fälschung und beinhaltet in kommunikativen Handlungszusammenhängen eine ethische Dimension.[90] Dabei gilt es zu bedenken, dass mediale Repräsentationen häufig mehr als einen Bürgen haben und diese gerade innerhalb einer Überlieferungsgeschichte um sämtliche enunziativen Instanzen erweitert werden können.[91]

Das Vertrauen in die Glaubwürdigkeit ikonischer Bilder ist eine erworbene Kulturtechnik, die ihre Verbindlichkeit auch über fototechnische bzw. -chemische Reproduktionsverfahren hinaus behält. Entscheidend ist dabei die diskursiv ausge-

---

[88] Wortmann, 2003. S. 62.

[89] Vgl.: Kalisch, Eleonore: *Aspekte einer Begriffs- und Problemgeschichte von Authentizität und Darstellung.* In: Fischer-Lichte, Erika/ Pflug, Isabel (Hg.): Inszenierung von Authentizität. Tübingen/Basel: Francke 2000. S. 32. Kalisch verweist auf handschriftlich verbürgte Urkunden, Verträge, Schuldscheine, Testamente. Dabei dominierten pragmatische über referentielle Funktionen.

[90] In der Kunst übernimmt die Fälschung andere Funktionen. Stefan Römer versteht den Fake-Begriff als ästhetische Kategorie, die nicht mehr nach der Logik einer Trennung von Original und Fälschung funktioniert, sondern die künstlerischen Strategien selbst vor Augen führt. Es findet dabei eine Referentialisierung auf das Reproduzierte statt. Vgl. Römer, Stefan: Künstlerische Strategien des Fake. Kritik von Original und Fälschung. Berlin: DuMont 2001.

[91] Zum Begriff der Enunziation, vgl.: Metz, Christian: Die unpersönliche Enunziation oder der Ort des Films. Münster: Nodus-Publ. 1997.

handelte Zuschreibung an die Instanzen, die an dem jeweiligen Kommunikationsprozessen vermittelnd beteiligt sind.

2.5 Exkurs: Die Brecht-Lukács Debatte

Die Formgebung, welche die immanente Tendenz zur Konstruktion von Wirklichkeit leugnet, um durch eine artifizielle Renaturalisierung einen Realismuseffekt zu generieren, wurde in den siebziger Jahren in einzelnen Beiträgen der Filmzeitschrift SCREEN kritisiert.[92] Dies geschah in Anlehnung an Bertolt Brecht, der die Möglichkeit einer einfachen Wirklichkeitswiedergabe in Frage gestellt hat und gegenüber der Realismusauffassung des ungarischen Literaturtheoretikers Georg Lukács zu bedenken gab, dass eine realistische Tendenz, die ihre Konstruktionsleistung verdeckt, den größten Manipulationsverdacht auf sich ziehe.

Lukács installiert die bürgerlichen Romane des 19. Jahrhunderts als realistisches Kunstideal gegenüber avantgardistischen Formexperimenten, deren Kunstanspruch er problematisiert (Dos Passos, James Joyce). Lukács' Anschauungen hatten zwar Einfluss auf die Ausformulierung eines sozialistischen Realismus, wurden wegen seines formstarren Denkens aber vermehrt mit dem Dünkel eines bürgerlichen Kunstverständnisses assoziiert.[93] Lukács beschwört „den gestalteten Charakter zwischen Wesen und Erscheinung".[94] Aus dem scheinbaren Widerspruch zwischen Abstraktion und Unmittelbarkeit leitet Lukács die „doppelte künstlerische wie weltanschauliche Arbeit" des Schriftstellers ab:

> „erstens das gedankliche Aufdecken und künstlerische Gestalten dieser Zusammenhänge; zweitens aber, und unzertrennbar davon, das künstlerische Zudecken der abstrahiert erarbeiteten Zusammenhänge – die Aufhebung der Abstraktion. Es entsteht durch diese doppelte Arbeit eine neue, gestaltet vermittelte Unmittelbarkeit […]."[95]

---

[92] Vgl.: Paech, Joachim: Einleitung in Dokumentarismus und Realismus. In: ders. et. al.(Hg.): Screen-Theory. Zehn Jahre Filmtheorie in England. Von 1971 bis 1981. Osnabrück: Universität Osnabrück 1985. S. 183 - 209.

[93] Brenner, Karin: Theorie der Literaturgeschichte und Ästhetik bei Georg Lukács. Frankfurt/Main u.a.: Lang 1990. S. 7.

[94] Lukács, Georg: Es geht um den Realismus. In: ders.: Essays über Realismus. Werke Bd. 4. Hg. v. Ludz, Peter Christian et. al. Neuwied/Berlin: Luchterhand, 1971. S. 319.

[95] Ebd. S. 324.

Brecht wirft Lukács vor, er zöge den Romanen des 19. Jahrhunderts ein abstraktes Formideal ab, das er als Wertmaßstab, ungeachtet des historischen Formenwandels, implementiert. „Gegenüber den immer neuen Anforderungen der sich immer ändernden sozialen Umwelt die alten konventionellen Formen festhalten ist auch Formalismus“[96], urteilt Brecht. Er plädiert für einen „weiter, großzügiger und eben realistischer“[97] gefassten Realismusbegriff. Zur Kategorisierung eines Werks käme es nicht darauf an, dass ein überliefertes, formales Merkmalsbündel in ihm anzutreffen sei, sondern ob die konkrete Wirklichkeit durch geeignete Darstellungsmethoden erfasst werde. Eine realistische Schreibweise äußert sich laut Brecht darin, dass „vermittels getreuer Abbildungen der Wirklichkeit die Wirklichkeit“ beeinflusst werde.[98] Der intentionale Bezug auf die Veränderung der Wirklichkeit steht also im Vordergrund, wodurch der Realismus bei Brecht zum Funktionsbegriff wird. Jede Form wird legitimiert, „die den politischen Zweck zu erfüllen verspricht“.[99]

Brecht überlässt - nach eigener Einschätzung - dem Zuschauer die größtmögliche Mitarbeit an der „Erkenntnis der Wahrheit“, denn dies sei „ein den Schreibern und Lesern gemeinsamer Vorgang“. [100] Selbstverständlich ist die Offenheit des Kunstwerks, sowohl in Brechts Theorieentwurf als auch in seiner Praxis, nicht so offen, als dass dem Rezipienten nicht nahe gelegt werden würde, es in eine bestimmte Richtung oder auf eine bestimmte Lesart hin abzuschließen. Was das Erkenntnis- und damit auch das Kommunikationsziel angeht, sind der Aktivität des Zuschauers gewisse Grenzen gesetzt. Da die marxistische Kunsttheorie immer auch eine Theorie der Umwälzung der Gesellschaft ist, soll die Kunst „operativ zur Herstellung von Bewusstsein eingesetzt“[101] werden, gemeint ist damit die Ausformung eines Klassenbewusstseins. Der Zuschauer wird daher eher programmiert als aktiviert.

Im Gegensatz zu Lukács gibt Brecht keine Form- und Gattungsbeschränkungen für die realistische Kunst. Die Antidogmatik seines Denkens machte seine Überlegungen zu einem begehrten Objekt wechselvoller Aneignungen. Eine reine Abbildung der Wirklichkeit könne, so Brecht, nichts mehr über diese aussagen.

---

[96] Brecht, Bertolt: Die Expressionismusdebatte. In: ders.: Schriften I. Bertolt Brecht Werke. Große kommentierte Berliner und Frankfurter Ausgabe. Hg. v. Werner Hecht et. al. Bd. 22. Aufbau.Berlin/Weimar und Suhrkamp Frankfurt/Main, 1992. S. 418.
[97] Brecht, Bertolt: Bemerkungen zu: Über Weite und Vielfalt der realistischen Schreibweise. In: Brecht, 1992. S. 434.
[98] Brecht, Bertolt: Praktisches zur Expressionismusdebatte. In: Brecht, 1992. S. 422.
[99] Kohl, Stephan: Realismus: Theorie und Geschichte. München: Wilhelm Fink 1977. S. 161.
[100] Brecht, Bertolt. Fünf Schwierigkeiten beim Schreiben der Wahrheit. In: Brecht, 1992. S. 80.
[101] Kohl, 1977. S. 154.

„Eine Photographie [sic] der Kruppwerke oder der AEG ergibt beinahe nichts über diese Institute. Die eigentliche Realität ist in die Funktionale gerutscht. Die Verdinglichung der menschlichen Beziehungen, also etwa die Fabrik, gibt die letzteren nicht mehr heraus. Es ist tatsächlich *etwas aufzubauen*, etwas *Künstliches, Gestelltes*.“[102]

Walter Benjamin schließt sich Brecht an, wenn er eine „Beschriftung“ von Fotografien fordert, die ihren Evidenzcharakter als Beweisstücke aushebelt und damit eine Wahrnehmungshaltung vermeidet, die „im Betrachter den Assoziationsmechanismus zum Stehen“[103] bringt. Mittels Entlarvung und Konstruktion müsse hingegen die Fotografie von der Ebene des gegenständlichen Zeigens auf die Metaebene des Bezeugens gehoben werden. Die Beweisstücke müssen in eine Lesbarkeit überführt werden. Als Korrelat einer solchen fotografischen Darstellungspraxis versteht Benjamin den russischen Revolutionsfilm. Auch Henri Lefèbvre begrüßt die Zerschlagung des fotografischen Realismus durch Sergej M. Eisensteins revolutionäre Filmpraxis. Durch seine Montage ziele Eisenstein „auf eine tiefere Realität als das Unmittelbare“.[104]

Die Kritik am filmischen Oberflächenrealismus hat sich ab den siebziger Jahren teilweise von Brechts Gedanken zum Realismus-Problem inspirieren lassen. Dabei schien die naturalisierte, transparente Form ideologisch brisant, denn die bestehenden Verhältnisse würden dabei nur abgebildet und die vorherrschende Ideologie stillschweigend bestätigt: „Es nützt nichts, ein scharfes Bild zu haben, wenn die Intentionen unscharf sind.“[105]

Die Debatte der Filmzeitschrift SCREEN, die eine ideologiekritische Haltung gegenüber realistischen Filmen forciert, wird „begleitet von der Suche nach der Möglichkeit des progressiven Film(textes)“.[106] Das Votum der Kritiker ist dabei einstimmig: „der progressiv-realistische Film ist selbstreferenziell, realisiert sich selbst

---

[102] Brecht, Bertolt: Der Dreigroschenprozess. Ein soziologisches Experiment. In: ders.: Schriften I. Bertolt Brecht Werke. Große kommentierte Berliner und Frankfurter Ausgabe. Herausgegeben von Werner Hecht, Jan Knopf, Werner Mittenzwei, Klaus-Detlef Müller. Bd. 21. Aufbau. Berlin/Weimar und Suhrkamp Frankfurt/Main, 1992. S. 469. Hervorhebung im Original.

[103] Benjamin, Walter: Kleine Geschichte der Fotografie. In: ders: Das Kunstwerk im Zeitalter seiner technischen Reproduzierbarkeit. Drei Studien zur Kunstsoziologie. Frankfurt/Main: Suhrkamp 1977. S. 64.

[104] Lefèbvre, Henri: Einführung in die Modernität. Zwölf Präludien. Frankfurt/Main: Suhrkamp 1978. S. 129.

[105] Godard über Richard Leacock, dem er mangelnde Subjektivität vorwirft und die *Direct Cinema* Methode kritisiert. Godard, Jean-Luc: Godard/Kritiker. Ausgewählte Kritiken und Aufsätze über Film (1950 – 1970). Auswahl und Übersetzung aus dem Französischen von Frieda Grafe. München: Hanser 1971. S. 160.

[106] Paech, 1985. S. 184.

immer auch als sein Produkt.“[107] Dabei wird dem Film gerade die Spezifik des durch ihn erzeugten Realitätseindrucks als seine genuine, ihn prägende Ideologie unterstellt. Filme, die eine verlustfreie Wirklichkeitswiedergabe behaupten, täuschen demnach den Zuschauer. Colin McCabe setzt die Dominanz eines narrativen Diskurses, der seinen diskursiven Charakter als Artikulation verdeckt, in Analogie zu einer Kameraposition, die zwar etwas zeigt, aber nicht, dass *sie es ist*, die als alleinige Instanz des Wissens zeigt.[108] Die Transparenz der medialen Darstellung täuscht den Zuschauer, die unsichtbare Kamera rahmt wie ein Fenster die Wirklichkeit. Heath fordert die Theatralisierung des Films und beruft sich dabei auf das verfremdende Verfahren von Brechts episch-dialektischem Theater.[109] Der „klassisch realistische Text” hingegen wird abgelehnt, da er die Realität durch den Filter des dominanten Herrschaftsdiskurses sähe.[110]

Etwas widersprüchlich mutet es dabei jedoch an, dass der Dokumentarfilm lange Zeit von einer vergleichbaren kritischen Durchleuchtung verschont blieb. Sicherlich hat es dabei eine Rolle gespielt, dass man den Dokumentarfilm als eine politisch ohnehin linksorientierte Praxis verstand und dokumentarische Unmittelbarkeitspostulate für weniger verdachtserregend befand. Erst in den späten siebziger Jahren kündigt sich allmählich eine Wende an. Das Versäumnis wurde zuerst von Bill Nichols zur Sprache gebracht. Eva Hohenberger hat den Ideologieverdacht dann deutlicher ausformuliert.

---

[107] Ebd. S. 185.

[108] Vgl. McCabe, Colin: *Realism and the Cinema: Notes on some Brechtian theses*. In: Screen. Jg. 15. 2/1974. S. 7 - 27.

[109] Vgl. Heath, Stephan: *Lessons from Brecht*. Screen Jg. 15. 2/1974. S. 103 - 128.

[110] McCabe, 1974. S. 12.

2.6 Der Dokumentarfilm als Text

Der Dokumentarfilm bildete bis in die siebziger Jahre noch keinen Gegenstand für eine ausgiebige Theoretisierung. Erst als man begann den Dokumentarfilm auch als Text mit spezifischen Vermittlungsstrategien zu begreifen, konnte man das Verhältnis von dokumentarischen Filmen und repräsentierter Wirklichkeit offenbar konzeptualisieren. Die auch in anderen Disziplinen virulente Umstellung der erkenntnistheoretischen Frage nach dem *WAS etwas ist*, auf die Frage *WIE etwas erscheint und (re)konstruiert werden kann*, war somit auch in der Dokumentarfilmtheorie angelangt.

Die Anregung zu Filmanalysen auf Basis eines semiotischen Theorieentwurfs ist mit der allgemeinen theoretischen Entwicklung im Frankreich der sechziger Jahre verbunden. So wird der Begriff des Textes zum Ausgangspunkt einer Erweiterung des strukturalistischen Paradigmas auf verschiedene Disziplinen, wie etwa Literaturwissenschaft, Philosophie und Geschichte. Die Durchschlagskraft im Bereich des Films verdankt sich dabei zu einem wesentlichen Teil der technischen Erweiterung der Filmsichtung, die es möglich machte das Filmbild anzuhalten und dadurch den kontinuierlichen Ablauf der Bilder bei der Betrachtung zu zergliedern. Die Analyse wird dabei um den Preis, dass „der Analysierende sich gegen das Grundprinzip des Kinos verhält" (das Bewegt-Bild) mit dem Pfand, dass „ihm sein Gegenstand unaufhörlich entgleitet" bezahlt.[111]

Angeregt durch die Studien von Christian Metz habe sich, so Hohenberger, der semiotische Zugriff auch auf den Dokumentarfilm *als Text* zunehmend durchgesetzt. Damit sei die „Realität des Films selbst in den Blick" gerückt und habe die „Rede vom Dokumentarfilm als »Fenster zur Welt«"[112] abgelöst.

[111] Blüher, Dominique et. al.: *Film als Text. Theorie und Praxis der „analyse textuelle"*. In: montage / av Jg. 8. 1/1999. S. 5.
[112] Hohenberger, 1998. S. 21.

2.6.1 Die Realitätsebenen des Dokumentarfilms

Hohenberger versucht die Theorieansätze, wie sie die Metz'sche Semiotik vorgegeben hat, für die Dokumentarfilmtheorie fruchtbar zu machen. Sie löst die Abbildproblematik in die Frage auf, „zwischen welchen Realitäten ein Dokumentarfilm vermittelt".[113] Das „Reservoir überhaupt abbildbarer Realität"[114] bezeichnet sie als „nichtfilmische Realität", die jedoch keinesfalls als unverstellte Außenwirklichkeit aufgefasst wird, sondern immer schon ideologisch vorgeprägt sei, sich eventuell bereits auf ihre mediale Abbildung hin entwirft und daher nicht autonom existiert.[115] Die „vorfilmische Realität" befindet sich während dem Aufnahmeprozess vor der Kamera und liefert einen intendierten Ausschnitt, der wie Hohenberger mit Verweis auf Vaughan erklärt, vom Zuschauer als mögliches Ereignis rekonstruiert („putative event")[116] wird. Diese „vorfilmische Realität" könne von einer weiteren Realitätsebene beeinflusst werden, der „Realität Film", die kurz gesagt alle Komponenten des filmischen Herstellungsprozesses umfasst. Das Verhältnis zwischen „nichtfilmischer" und „vorfilmischer Realität" sei für den Dokumentarfilm wesentlich, da die unüberbrückbare Differenz zwischen Ganzheit und Ausschnitt der Wirklichkeit auf der Ebene der „filmischen Realität" diskursiv bearbeitet und jeweils entsprechend decodiert werde. Unter der „filmischen Realität" versteht Hohenberger „eine Sinn evozierende Anordnung von Einstellungen"[117], die sie unter Berufung auf die filmtheoretischen Schriften von Christian Metz als *Text* untersuchen möchte. Damit knüpft sie an die internationale Forschung an, die u.a. von Guynn eingeleitet wurde. Durch die Einführung des Textbegriffs in die Filmwissenschaft rücke nach Metz die „Unabgeschlossenheit und Produktivität eines Films, dessen Sinn nicht mehr nur von seinem System, sondern ebenso vom Subjekt hervorgebracht wird"[118] in den Vordergrund. In der Literaturtheorie wurde der klassische Werkbegriff, dem ein abgeschlossener Sinn zugrunde lag, von Roland Barthes zurückgewiesen. Stattdessen stehe der Text als

[113] Hohenberger, 1988. S. 27.
[114] Ebd. S. 30.
[115] Hohenberger verweist darauf, dass oftmals filmdramaturgische Überlegungen die Wahl festlegen.
[116] Ebd. S. 34.
[117] Ebd. S. 40.
[118] Ebd. S. 67.

offenes Gewebe in einem kommunikativen Akt zur Disposition und sein Sinn entscheide sich in einem „Spiel zwischen Schreiben und Lesen".[119]

Als „nachfilmische Realität" schließlich wird sowohl der konkrete Wahrnehmungsakt als auch die kritische und historische Auseinandersetzung mit einem Film bezeichnet.[120]

Auf den Film übertragen, verbindet der Textbegriff produktions- und rezeptionsästhetische Elemente. Demnach erschließt der Zuschauer den Sinn nach der Konventionalität der Darstellung, der apparativen Materialität des Films und der daraus resultierenden impliziten Erwartungshaltung, die wiederum auf struktureller und institutioneller Ebene der Produktion antizipiert wird. Was als dokumentarisch aufgefasst werde, unterliege dem historischen Wandel. So wertet Hohenberger die technische Perfektionierung der Aufnahmetechnik in den sechziger Jahren als im Dienste einer Fetischisierung stehend, die eine historisch fortschreitende und teleologische Entwicklung zum Besseren propagiert und dabei das korrumpierende subjektive Moment des Filmemachenden scheineliminiert. Das *Direct Cinema* wurde oft dafür angegriffen, dass seine Vertreter die Unmittelbarkeit der technischen Aufnahme feierten und ihre gestaltenden Eingriffe verdeckten. Hohenberger spricht daher davon, dass das *Direct Cinema* den Dokumentarfilm, im Sinne des klassisch realistischen Erzählens, fiktionalisiert habe.[121] Während in der britischen Filmzeitschrift SCREEN die Stilaskese dokumentarischer Filme im *Direct Cinema* nicht ideologiekritisch reflektiert wurde, weist Hohenberger dezidiert auf diese Parallelen hin:[122]

> „Gerade der Dokumentarfilm, der auf eine nichtfilmische Realität zielt und doch nur Bilder der vorfilmischen Realität liefern kann, muß [sic] die Unterschiede dieser Instanzen betonen. Er muß [sic] in der hergestellten filmischen Realität auf die nichtfilmische Realität verweisen, wie immer er auch sein Material gewonnen hat."[123]

Hohenberger sieht den Dokumentarfilm also in der Pflicht sich als Film kenntlich zu machen, nur so „wird der Zuschauer durch den Text hindurch auf das Reale

[119] Ebd. S. 66.
[120] Vgl. ebd. S. 30.
[121] Vgl. ebd. S. 126.
[122] Die klassisch realistische Erzählposition ist an McCabe angelehnt. Allerdings hatte Colin McCabe für den dokumentraischen Film nicht die Transparenz der Repräsentation problematisiert, sondern den *off*-Kommentar, den er als eine Entsprechung des dominanten narrativen Diskurses kritisierte. Vgl. Paech, 1985. S. 194.
[123] Hohenberger, 1988. S. 37.

stoßen". [124] Hohenbergers Argumentation verliert sich hier in einer normativen Setzung, die nicht das Spezifische am Dokumentarfilm erklärt, sondern ihm einen Auftrag erteilt. Wie dieser Auftrag zu erfüllen wäre, lässt sie dabei allerdings offen.

Hohenbergers Auseinandersetzung mit der textuellen Seite des Dokumentarfilms mündet in ein normatives Urteil über eine angemessene Wiedergabe der Wirklichkeit, die ihre Gemachtheit nach außen offenlegen muss, um sich nicht als Täuschung zu korrumpieren. Hohenberger spricht von dem „Ideologem" einer „sich selbst abbildenden Natur"[125], das durch die filmontologischen Ansätze von Bazin und Kracauer fundiert worden wäre und durch den progressiven Filmtext zu dekonstruieren sei.

Deutlich kreist damit auch ihr Denken um den Fälschungs- und Manipulationsverdacht gegen Dokumentarfilme und den „Verkehrungszusammenhang von nichtfilmischer und filmischer Realität"[126], der sich nicht befriedigend auflöst bzw. die Legitimation von Dokumentarfilmen, bis auf wenige Vertreter der Gattung, fraglich werden lässt.

2.6.2 Bill Nichols' Typologie rhetorischer Vermittlungsstrategien

> „We need, then, to examine the formal structure of documentary film, the codes and units which are involved, in order to re-see documentary, not as a kind of reality frozen in the amber of the photographic image à la Bazin, but as a semiotic system which generates meaning [...]. Despite the denunciation of various cinematic »realisms«, this work has scarcely begun with documentary, and yet what better place is there to confront the challenge of realism than here?"[127]

Bill Nichols weitet mit seinem Beitrag in SCREEN die Realismus-Kritik auf dokumentarische Filme aus und eröffnet damit scheinbar neue Zugangsweisen zu deren Theoretisierung. Ihm geht es dabei jedoch grundsätzlich um eine Distinguierung dokumentarischer Filme, die bisher von der Theorie vernachlässigt worden seien. Insbesondere Metz habe die semiotische Spezifik dokumentarischer Filme nicht erkannt. Um das Versäumnis einer angemessenen Theoretisierung zu beheben, dreht er

---

[124] Ebd. S. 108.
[125] Ebd. S. 17.
[126] Ebd. S. 107.
[127] Nichols, Bill: *Documentary Theory and Practice.* In: Screen. Jg. 17. 4/1976-77. S. 35.

den Spieß um, indem er proklamiert: "Every film is a documentary."[128] Es gelte nur den „documentary of social representation", dessen Erforschung sein Anliegen sei, vom „documentary of wish-fulfillment", dem gemeinhin als fiktional bezeichneten Film, deutlich abzugrenzen.[129] Diese etwas provokativ anmutende Terminologie von Nichols wirkt zunächst irritierend. Natürlich lässt sich jeder fiktionale Film auch dokumentarisch interpretieren: etwa als Zeugnis einer bestimmten historischen Filmpraxis oder eines Ausdrucksstils einer bekannten Schauspielerpersönlichkeit. Nichols sieht den Unterschied allerdings eher im kognitiven Verhältnis des Zuschauers zum Dargestellten:

> "Fiction harbors echoes of dreams and daydreams, sharing structures of fantasy with them, whereas documentary mimics the canons of expository argument, the making of a case, and the call rather to public than to private response."[130]

Um die argumentative Auseinandersetzung mit der sozialen Wirklichkeit zu bewerkstelligen, bedienen sich Dokumentarfilme, laut Nichols, der Rhetorik und damit persuasiver Strategien. Die rhetorische Vermittlung wiederum sei gekennzeichnet von einer Durchmischung rationaler und emotionaler Adressierung.[131] In der Dokumentarfilmgeschichte haben sich unterschiedliche Strategien rhetorischer Glaubwürdigkeitserzeugung herausgebildet, die - oftmals in Differenz zueinander - eine wahrhaftige Wirklichkeitswiedergabe versprechen. Die argumentative Ordnung und die gestaltete Organisation des Materials würden den Dokumentarfilm dabei von ungestalteten Aufzeichnungen, wie etwa Aufnahmen einer Überwachungskamera, unterscheiden.[132]

Außerdem sei der indexikalische Bezug zur sozio-historischen Wirklichkeit ein konstitutives Element, auch wenn er nur behauptet sei.[133] Nichols gibt, trotz dieses ersten Versuchs den Dokumentarfilm in Abgrenzung vom Spielfilm zu bestimmen, zu verstehen, dass es unmöglich sei eine für alle Zeit verbindliche Definition zu finden.

> „Taking a text in isolation, there is nothing that absolutely or infallibly distinguishes documentary from fiction."[134]

---

[128] Nichols, 2001. S. 1
[129] Ebd.
[130] Nichols, 1991. S. 4.
[131] Vgl. Nichols, 2001. S. 57.
[132] Vgl.: ebd. S. 46.
[133] Nichols, 1991. S. 27.
[134] Ebd.

Gerade der institutionelle Rahmen sei bei der Zuordnung hilfreich, denn bestimmte Einrichtungen, Fernsehsender oder Sendereihen ließen oft erwarten, dass sie einen Dokumentarfilm präsentierten.[135] In diesem Zusammenhang weist Nichols auch auf *mockumentaries* hin, die diese institutionelle Rahmung zur Camouflage ihres fiktionalen Status benutzen würden.

„The sense that a film is a documentary lies in the mind of the beholder as much as it lies in the film's context or structure."[136] Die Struktur weist den Film als dokumentarisch aus, weil sie bestimmte konventionalisierte Merkmalskomplexionen aktualisiert. Allerdings müssten diese Konventionen von Zeit zu Zeit unterwandert werden. „To some extent, each mode of documentary representation arises in part through a growing sense of dissatisfaction among filmmakers with a previous mode."[137] Nichols unternimmt den Versuch der systematischen Ausformulierung einer „Typologie dokumentarischer Apellstrukturen"[138], die auf „manifesten Authentisierungsstrategien und –konventionen"[139] beruht. Er unterscheidet insgesamt sechs Repräsentationsmodi, die zwar zeitlich nacheinander aufgetreten sind, sich jedoch nicht abgelöst haben. Vielmehr habe sich, so Nichols, eine Pluralität von Stilen herausgebildet, die untereinander kombinierbar seien.[140]

Eine Frühform des dokumentarischen Films versucht er mit dem Begriff „poetic mode" zu umschreiben. Allerdings bleiben seine Ausführungen zu diesem Punkt sehr vage und eine eindeutige Abgrenzung zu avantgardistischen Filmbewegungen bleibt er ganz schuldig.[141] Alle anderen Modi lösen sich nach der schon erwähnten Logik eines Ungenügens an den Konventionen eines als dominant betrachteten Darstellungsmodus' ab.

Der „expository mode" habe sich in den dreißiger Jahren entwickelt, prominentester Vertreter sei der Brite John Grierson. Der als autoritär empfundene Kommentar („voice-of-god-commentary"[142]), der die Filmbilder zu reinen Illustrationen des Ausgesagten zu degradieren schien, wurde von den Vertretern des *Direct Cinema* kritisiert.

---

[135] Vgl. Nichols, 2001. S. 22 f.
[136] Ebd. S. 35.
[137] Ebd.
[138] Heller, 2001. S. 22.
[139] ebd.
[140] Vgl. Nichols, 2001. S. 100.
[141] Vgl.: ebd. S. 102.
[142] Vgl.: ebd. S. 105 ff.

Sie nutzten neue transportable Aufnahmetechniken um die Wirklichkeit scheinbar unverbrüchlich darzustellen. Nichols nennt diese Authentisierungsstrategien „observational mode“. Die Vertreter dieser Richtung kamen, trotz dem deklarierten Verzicht auf Intervention mit der vorfilmischen Wirklichkeit, nicht umhin ihr Material zu konzeptualisieren.[143] Dieser Umstand rückt den Modus in enge Nähe zu der Kritik am Verbrämungszusammenhang des klassisch realistischen Filmtextes.

Unter gleichen technologischen Bedingungen entwickelte sich etwa zeitgleich in Frankreich ein anderer Umgang mit den neuen Möglichkeiten. Der „participatory mode“, den Nichols prototypisch im französischen *Cinéma Vérité*-Stil verwirklicht sieht, betont im Gegensatz zum *Direct Cinema* die Anwesenheit der Filmemacher in der Aufnahmesituation. Die Interaktion mit den Protagonisten wird explizit ausgestellt. Das Interview, durchaus zu verstehen im Sinne eines Geständnisses oder einer Beichte, wird zum Leitbild dieses neuen Dokumentarfilmverständnisses.[144]

Nicht die Verhandlung des Verhältnisses zwischen Filmemacher und Protagonisten im „participatory mode“, sondern das Verhältnis zwischen Filmemacher und Zuschauer wird hingegen im „reflexive mode“ behandelt. Die Möglichkeiten und Bedingungen der Repräsentation der sozialen Wirklichkeit treten in den Mittelpunkt des Interesses. Authentizität wird als Effekt und Realismus als Stil entlarvt. In diesem Zusammenhang erwähnt Nichols auch *mockumentaries,* denen er als „disguised fictions“ reflexive Qualitäten zuspricht. Reflexiv könne ein Film nicht nur im Hinblick auf seine eigenen Verfahrensweisen sein, sondern auch im Hinblick auf ideologische Verblendungszusammenhänge. Allerdings erfährt diese Kategorie damit eine allzu große Beliebigkeit, denn Nichols zu Folge ist schließlich ein Großteil der Dokumentarfilme kritisch. Die Wirkung des „reflexive mode“ auf den Zuschauer sei dem Brecht'schen Verfremdungseffekt ähnlich, oder vielmehr einem *Aha*-Effekt, der beim Zuschauer zur Erkenntnis führe und ihn zu verantwortungsbewusstem, politisch aktivem Handeln veranlasse.[145] Die bisherigen Forschungsansätze zu *mockumentaries* schließen sich diesem Verständnis an. Allerdings werden *mockumentaries* im Vergleich zu reflexiven Dokumentarfilmen als gattungsexterne Kritik an der Ideologie

---

[143] Es wurden beispielsweise nur solche Ereignisse zur Darstellung herangezogen, die der dramaturgischen Logik einer Krisenstruktur folgten, d.h. die Protagonisten wurden in einer sich krisenhaft zuspitzenden Situation porträtiert, um durch die auf Entscheidung drängende Brisanz ein abschließbares Handlungs- und damit Erzählkontinuum zu gewinnen. Vgl.: Mamber, Stephen: Cinema Verite in America. Studies in uncontrolled documentary. Cambridge: MIT Press 1974. S.117 f.

[144] Vgl. Nichols, 2001. S. 115 ff.

[145] Vgl.: ebd. S. 128 ff.

eines privilegierten Wirklichkeitszugangs des Dokumentarfilms konzeptualisiert und gelten daher als glaubwürdiger. Ihre Wirkung wird dabei in einer Aktivierung des Zuschauers gesehen, ganz im Sinne der hier aufgezeigten Adaption Brecht'scher Verfremdungstheorien. Da diese Aktivierungsleistung aber etwas ist, was Nichols für jeden Dokumentarfilm postuliert, lassen sich *mockumentaries,* diesem Verständnis folgend, auch als Fortführung des Nichols'schen Dokumentarfilmgedankens mit anderen Mitteln auffassen. Da die bisherige Auseinandersetzung mit *mockumentaries* sich in diesen Traditionszusammenhang einordnen lässt, wird nun deutlich, woher die Gleichsetzung von Reflexivität und Subversion rührt.

Der „performative mode" schließlich sei die wohl persönlichste Art Filme zu machen, denn er generiere einen subjektiven Blick, der häufig von Vertretern sozialer Minderheiten ausgehe. Die Repräsentation erfolge gleichsam von unten, diene als Sprachrohr der Subkultur (Nichols spricht von „auto-ethnography"[146]) und stelle historische Ereignisse in einen individuellen Kontext unter einem anderen, neuen Licht dar.

Trotz der Diversität dieses Formgefüges leistet Nichols eine Generalisierung, die für alle Dokumentarfilme gelte:

> „In general, then, we can say documentary is about the effort to convince, persuade, or predispose us to a particular view of the actual world we occupy. Documentary work does not appeal primarily or exclusively to our aesthetic sensibility: it may entertain or please, but does so in relation to a rhetorical or persuasive effort aimed at the existing social world."[147]

Auch Nichols formuliert einen normativen Dokumentarfilmbegriff, der - abgeleitet von der rhetorischen Überzeugungsstruktur jedes Dokumentarfilms - die Filmemacher ethisch moralisch in die Pflicht nimmt.[148] Der Dokumentarfilm soll als Anwalt der kleinen Leute auftreten, soll dem Zuschauer helfen sich subtiler Machtstrukturen bewusst zu werden, Geschlechterrollen zu überdenken und sich gegebenenfalls davon zu emanzipieren. Der Dokumentarfilm soll also nichts weniger leisten, als den Zuschauer zu aktivieren. Innerhalb einer demokratischen Gesellschafts-

[146] Vgl. Nichols, 2001. S. 134.
[147] ebd. S. 69.
[148] Vgl. hierzu auch Plantinga, der die Wichtigkeit einer unterstellten Aufrichtigkeit für das Funktionieren von Kommunikation zwischen Filmemacher und Rezipient bei dokumentarischen Filmen hervorhebt. Plantinga, Carl R.: Rhetoric and Representation in Nonfiction Film. Cambridge: Cambridge University Press 1997. S. 219 ff.

ordnung soll der Dokumentarfilm die Zuschauer befähigen, sich ihrer Pflichten als vollständige Mitglieder bewusst zu werden.[149] Das Ideal eines Ehrenkodex', an den sich eine Gemeinschaft von Dokumentarfilmern hält, ist dabei zwar eine unterstützenswerte Forderung, aber keine deskriptive Auseinandersetzung mit der Praxis.

Nichols' Typologie kann dennoch fruchtbar gemacht werden, da sie eine genealogische Abfolge spezifischer Formausprägungen nachvollzieht, die deutlich macht, dass sich jede neue Darstellungspraxis durch performative Differenzbehauptung von einer verdächtig geworden und zur Konvention erstarrten Dokumentarfilmästhetik abgrenzt. Hier hat der Dokumentarfilm vielleicht am meisten mit der realistischen Kunst gemeinsam:

> „Wesentlich ist [...], daß [sic] realistische Kunst durch eine im Vergleich zur herrschenden Kunstkonvention größere Wirklichkeitsnähe »aufklärerische« Funktion besitzt: Realistische Kunst löst sich »rational« von Darstellungs- und Denktraditionen. [...] Realismus als Konstrukt schafft durch sein Bestehen auf Idealen stets Ideologie und fordert eine erneute realistische Korrektur heraus."[150]

Zu Nichols' Verdiensten zählt es gezeigt zu haben, dass es ohne gestaltete Form auch keine Authentizität im Film gäbe. Allerdings darf man - will man diese Erkenntnis für eine Analyse fruchtbar machen - nicht dabei stehen bleiben.

2.6.3 Problematik einer filmsemiotischen Adaption der Rhetorik

Zu Beginn der neunziger Jahre des letzten Jahrhunderts konstatiert Kopperschmidt, dass eine Revitalisierung und teilweise eine Revalorisierung der Rhetorik zu beobachten sei. Der „superdisziplinäre Kompetenzanspruch der Rhetorik"[151] hatte sich in einer euphorischen Aneignungswelle durch Forschungsbereiche unterschiedlichster Provenienz hindurch ausgebreitet. Aufschlussreich ist dabei nicht allein die jeweilige Anwendung der Rhetorik in den unterschiedlichen Wissenschaftsbereichen, sondern die Frage nach den Gründen, aus denen heraus man auf die Rhetorik als Erklä-

---

[149] Vgl. Nichols, 2001. S. 70 ff.

[150] Kohl, 1977. S. 228.

[151] Kopperschmidt, Josef: Das Ende der Verleumdung. Einleitende Anmerkungen zur Wirkungsgeschichte der Rhetorik. In: ders. (Hg.): Rhetorik. Wirkungsgeschichte der Rhetorik. 2. Bd. Darmstadt: Wissenschaftliche Buchgesellschaft 1991. S. 5.

rungsmodell zurückgreift und welches Frageinteresse der Rhetorik dabei im Vordergrund steht. Schon Aristoteles hatte angemerkt, dass die Rhetorik das Vermögen darstelle, „bei jedem Gegenstand das möglicherweise Glaubenerweckende zu erkennen" und daher besitze sie auch „kein ihr eigenes, auf eine bestimmte Gattung von Gegenständen beschränktes Gebiet".[152]

Im Bereich der allgemeinen Filmtheorie gibt es einige verstreute Ansätze, die im Anschluss an die Semiotik den Film immer schon als rhetorisch gestaltetes Produkt konzipieren.[153] Die Attraktivität der Rhetorik dürfte dabei in einer postulierten Erklärungskompetenz liegen. Man verspricht sich sowohl ein Analyseinstrument als auch eine kommunikative Handlungslehre geliefert zu bekommen, was tatsächlich einer übergreifenden Theorie sehr nahe käme. Auch die komplexen Prozesse einer wirkungsintentionalen Kommunikation ließen sich demnach gänzlich erfassen. Die Medientheorie braucht die Rhetorik diesem Verständnis nach, um „die wirkungsintentionale Kommunikation zwischen Rhetor, Medium und Adressat für die audiovisuellen Medien zu beschreiben und ihr Regelwerk zu bestimmen".[154] Verfechter dieser Auffassung übersehen jedoch die Schwachstellen dieser klassischen Kommunikationstrias, wobei u.a. Kommunikationsinhalte substantialisiert werden und Kontexte, welche die planvoll kalkulierte Kommunikation stören könnten, nicht vorgesehen sind. Häufig überträgt eine semiotische Anwendung der Rhetorik auf den Film lediglich die Muster der Verbalsprache auf filmische Stilfiguren. Auch Theorien einer Medienrhetorik, welche die Wirkung unbedingt an einen personalisierten Orator rückgebunden sehen, weisen unübersehbare Schwächen auf: Demnach verhindere die Widerständigkeit der Medien eine elementare Interventionspräsenz des Redners, was letztlich zu der bahnbrechenden Erkenntnis führt, dass die perfekte „Verbindung von Situationsbeherrschung und Medienbeherrschung am besten in der direkten personalen Interaktion der Face-to-face-Situation zu erreichen"[155] wäre.

Für die Dokumentarfilmtheorie verspricht die Rhetorik Antwort auf die Frage nach den Bedingungen und Möglichkeiten der kommunikativ-funktionalen Ausrichtung dokumentarischer Filme. So sieht zumindest Nichols den Film äquifunktional zur Rede als ein durch rhetorische Strategien operationalisierbares Kommunikat, das mit der Absicht zu Überzeugen und einen Konsens herzustellen immer auf einen

---

[152] Aristoteles. Rhetorik. Übers. v. Franz G. Sieveke. München: Wilhelm Fink 1980. 1355[b]. S. 12.
[153] Einen Überblick liefert: Joost, Gesche: Bild-Sprache. Die audio-visuelle Rhetorik des Films. Transcript. Bielefeld 2008. S. 40 - 49.
[154] Joost, 2008. S. 218.
[155] Knape, Joachim: Was ist Rhetorik? Stuttgart: Reclam 2000. S. 94.

Kommunikationserfolg zielt. Rhetorik ist „Form als Mittel“.[156] Die Wiederentdeckung der Rhetorik in der Theorie des dokumentarischen Films lässt sich auch auf die Erkenntnis zurückführen, dass sich der Verdacht gegen die dokumentarfilmästhetische Vermittlung auf formaler Ebene nicht mit einer letztgültigen Bestimmtheit ausräumen lässt. Film kann zwar über seine Form einen Authentizitätsanspruch stellen, etwa über die Strategien des „observational mode“, kann dieses Versprechen jedoch niemals einlösen. Aus diesem Grund wird die antike Rhetorik als Beschreibungssystem für den dokumentarischen Film fruchtbar, weil auch hier ein gewisser Evidenzmangel dazu führt, dass bestimmte Strategien Anwendung finden müssen, um den Mangel zu kompensieren. Die rhetoriktheoretischen Überlegungen orientieren sich deshalb eher an Aristoteles, der die Rhetorik als Mittel zum Aufzeigen dessen versteht, „was an jeder Sache Glaubwürdiges vorhanden ist“.[157] Erst später stellten dann die einflussreichen Lehren Ciceros und Quintilians die Rhetorik in den Dienst der Durchsetzung einer feststehenden Wahrheit - im Gegensatz zum nur Glaubhaften.[158]

Nietzsche hatte demgegenüber erneut auf den rhetorischen Zentralbegriff der *doxa* (meinungshaftes Wissen) aufmerksam gemacht und ihn als „Ersatzbegriff des emphatischen Wahrheitsbegriffs für eine Theorie vorgeschlagen“, die sich loslöst „von der Illusion, Denken und Sprache könnten (oder sollten) Wirklichkeit wahrheitsgetreu abbilden, während sie doch nur die Welt *für den Menschen* zugänglich und verfügbar machen sollen.“[159] Der inflationäre Bezug auf die antike Rhetorik ließe sich somit auf deren Erklärungskompetenz hinsichtlich des Zusammenhangs zwischen einer lebensweltlichen Handlungsnotwendigkeit und der ihr zugrunde liegenden Realität zurückführen, die nicht unvermittelt zugänglich ist.

Es gilt somit zu unterscheiden zwischen einer Übertragung des Regelwerks der Rhetorik auf ein semiotisches Interpretationsverfahren des Films und dem Vergleich auf Basis der Probleme, auf die Rhetorik und audio-visuelle Kommunikation mögli-

---

[156] Blumenberg, Hans: *Anthropologische Annäherungen an die Aktualität der Rhetorik.* In: Kopperschmidt, Josef (Hg.): Rhetorische Anthropologie. Studien zum Homo rhetoricus. München: Wilhelm Fink 2000. S. 68.

[157] Aristoteles, 1980. 1355^b. S. 11.

[158] Ostermann, Eberhard: *Das Konzept der Glaubwürdigkeit aus rhetorischer Perspektive*. In: Rössler, Patrick/ Wirth, Werner (Hgg.): Glaubwürdigkeit im Internet. Fragestellungen, Modelle, empirische Befunde. München: Reinhard Fischer 1999. S. 34.

[159] Vgl. Kopperschmidt, Josef: Was weiß die Rhetorik vom Menschen? Thematisch einleitende Bemerkungen. In: ders., 2000. S. 12. Hervorhebung im Original.

cherweise auf ähnliche Weise antworten. Filmische Adressierungsweisen lassen sich dabei mit rhetorischen Strategien vergleichen, wenn auch nicht gleichsetzen.

Bei Nichols führt die Berufung auf die Rhetorik in eine normative Setzung. Er entwirft das Ideal verantwortungsbewusster Dokumentarfilmautoren, die als Garanten einer verbindlichen Wissensweitergabe durch redliche Motive beherrscht werden. Damit wird die *Funktion* des *ethos* gar nicht erst auf ihre rhetorische Wirkung hin betrachtet, sondern als unabdingbare Voraussetzung festgesetzt. Im Gegensatz dazu betrachtete Aristoteles die Thematisierung des *ethos* - im Sinne der Tugend, Einsicht und des Wohlwollens des Redners - in seiner Rhetoriklehre als ein Mittel zur strategischen Glaubwürdigkeitssteigerung in der Rede.[160] Aristoteles hat außerdem darauf hingewiesen, dass die Rede gegenüber dem *ethos* und den Beweggründen des Redners nicht transparent ist, der Kontext (z.B. der Ruf des Redners) aber sehr wohl eine Rolle spiele. Die Persuasion erfolgt durch den Charakter des Redners,

> „wenn die Rede so gehalten wird, daß [sic] sie den Redner glaubhaft macht; denn den Tugendhaften glauben wir lieber und schneller [...] ganz besonders da, wo keine Gewissheit ist, sondern Zweifel herrscht."[161]

Die Rhetorik wurde als Lehrfach ab Ende des 18. Jahrhunderts zunehmend verdrängt. Der Bedeutungsverlust der Rhetorik geht dabei sowohl mit der Erweiterung des Authentizitätsverständnisses als auch mit der Rationalisierung des wissenschaftlichen Diskurses einher. Kant wendete sich in seiner KRITIK DER URTEILSKRAFT (1790) gegen die Persuasionswirkung der Rhetorik, da sich die Überzeugungskunst nicht an rationalen Maßstäben bemessen ließe. Die auf der rhetorischen Tradition fußende Regelpoetik wurde von der Genieästhetik abgelöst. Statt in einer durch Fleiß und Übung erworbenen Fertigkeit, lag die Kunst nunmehr in dem schöpferischen Erguss des Genies im Kunstwerk, wodurch zugleich die Originalität des Artefakts als verbürgt galt. Nach dem Originalitätskonzept von Edward Young, welches er in CONJECTURES ON ORIGINAL COMPOSITION (1759) entwirft, ist der unmittelbare Zugang des genialischen Schöpfers zur Natur noch transzendenter Garant für die Authentizität des Werks. Die genialische Schöpfung ist immer schon authentisch, durch einen genialischen Geist beseelt, der über die rein menschliche Herstellungsfähigkeiten hinausgeht. Authentizität bleibt dabei noch ganz im ursprungsmythischen

---

[160] Vgl. Niehues-Pröbsting, Heinrich: *Ethos. Zur Rückgewinnung einer rhetorischen Fundamentalkatgeorie*. In: Kopperschmidt, 2000. S. 339 - 352.

[161] Vgl. Aristoteles, 1980. 1356^{a}. S. 13.

Denken verhaftet. Der Autor übernimmt die bisher von der Theologie okkupierte Position der authentifizierenden Instanz. „Das Organ der Bewahrheitung wird nun nicht mehr im Inbegriff der Institution und ihrer Instanzen aktiv, sondern in denjenigen des Individuums."[162] Der Verfasser des Textes tritt dabei nicht mehr, wie in der Rhetorik als Bürge, sondern als Quelle, die acheiropoietische Zeichen generiert, auf. Der Topos des Acheiropoieton findet sich, wie gezeigt wurde, auch im Fotografiediskurs wieder.

In der zweiten Hälfte des 20. Jahrhunderts avanciert Authentizität zum Krisenbegriff. In den Bedeutungsimplikationen des Unmittelbaren, Wahrhaftigen, Unverfälschten, Ursprünglichen und Einzigartigen wirkt der Begriff wie ein Kompensationsversprechen angesichts des Referenzverlusts in der Moderne.[163] Laut Blumenberg sind „Evidenzmangel und Handlungszwang die Voraussetzungen der rhetorischen Situation"[164], er sieht diese Bedingungen jedoch, unabhängig von ihrer historischen Einordnung, als anthropologische Grundkonstante. Ohne ihm darin folgen zu wollen, hat sich gezeigt, dass die Konfiguration der grundsätzlichen Handlungsnotwendigkeit trotz mangelnder Evidenz ein Grundproblem der Moderne darstellt. Besonders virulent scheint diese Problematik immer dann, wenn Medialität im Spiel ist.

2.7 Pragmatische Ansätze

Wie gezeigt wurde, gelingt es den rein textorientierten Theorieansätzen nicht, den Dokumentarfilm zufriedenstellend zu beschreiben. Stattdessen schleichen sich beim Zugriffsversuch normative Setzungen in die Betrachtung ein oder man verirrt sich in Aporien, die dokumentarische und fiktionale Filme schlichtweg gleichsetzen. Zentrales und unumgängliches Problem ist der Fälschungs- und Manipulationsverdacht, der sich historisch mit der Erwartung an dokumentarische Filme, Wirklichkeit werde durch sie wahrheitsgetreu wiedergeben, diskursiv gebildet hat. „Bei Dokumentar-

[162] Neumann, Gerhard: *Erzähl-Theater. Inszenierte Authentizität in Brechts kleiner Prosa.* In: Fischer-Lichte 2000. S. 94.
[163] Vgl.: Knaller, Susanne/ Müller, Harro: Authentizität und kein Ende. In: diess. (Hgg.): Authentizität. Diskussion eines ästhetischen Begriffs. München: Wilhelm Fink 2006. S. 7 - 16.
[164] Blumenberg, 2000. S. 75.

filmen geht es immer um Vertrauen, egal, ob wir sie nun wirklich für vertrauenswürdig halten oder nicht."[165]

Im Gegensatz dazu geht es dem pragmatischen Ansatz nicht um den „Text an sich", sondern um den Text „innerhalb bestimmter institutioneller Kontexte" und damit um die „Untersuchung der Bedingungen der Möglichkeit medialer Kommunikation".[166]

Das Verhältnis zwischen Zuschauer und Dokumentarfilm wird mit der Metapher des »kommunikativen Vertrags« beschrieben. Der Zuschauer gewährt dem um Glaubwürdigkeit werbenden Text Vertrauen. Die Metapher suggeriert Einklagbarkeit. Hattendorf geht daher davon aus, dass der Zuschauer, wenn er einen Film als Täuschung erkennt, auf sein Urteil eine *„Sanktion"* folgen lässt: „Ablehnung des Films, Abschalten des Fernsehapparats, etc."[167] Ob solch drastische Maßnahmen in der Mehrzahl der Fälle tatsächlich Anwendung finden, bleibt jedoch zumindest bezweifelbar. Die Vertragsmetapher ist aber insoweit treffend, da sie impliziert, dass der Autor hier nicht mehr als alleiniger Authentizitätsgarant fungieren kann. „Ein Vertrag kann wohl einen Bürgen haben, aber keinen Autor."[168] Auf die Ebene der filmischen Authentizität übertragen, muss die Darstellung entsprechend als authentisch verbürgt bzw. beglaubigt sein. Die Auflösung der Vorstellung von emphatischen Autorsubjekten, die dem Berufsethos verpflichtet sind, zeichnet sich so allmählich in der Theoretisierung ab. Der Zuschauer entscheidet in der Rezeption, ob ein Film dokumentarisch ist oder nicht. Der Dokumentarfilm ist somit alles, „als was er erkannt wird".[169]

Laut Roger Odin könne jeder Film sowohl einer fiktivisierenden, als auch einer dokumentarisierenden Lektüre unterzogen werden. Entscheidend sei dabei *„das Bild, das sich der Leser vom Enunziator macht*".[170] Die Funktion des Enunziators muss nicht einem Subjekt, „das im Modus der Intentionalität funktioniert"[171] zuweisbar sein, sondern sie kann von allen in Frage kommenden Aussageinstanzen ausgeübt

---

[165] Eitzen, Dirk: *Wann ist ein Dokumentarfilm? Der Dokumentarfilm als Rezeptionsmodus*. In: montage/av 7/2/1998. S.13 - 44.
[166] Editorial. montage / av Jg. 11. 2/2002. S. 4.
[167] Hattendorf, Manfred: Dokumentarfilm und Authentizität. Ästhetik und Pragmatik einer Gattung. Konstanz: UVK 1999. S.78. Hervorhebung im Original.
[168] Foucault, Michel: *Was ist ein Autor?* In: Jannidis, Fotis et. al. (Hgg.): Texte zur Theorie der Autorschaft. Stuttgart: Reclam. 2000. S. 211.
[169] Hohenberger, 1998. S. 25.
[170] Odin, Roger: *Dokumentarischer Film – dokumentarierende Lektüre*. In: Hohenberger, 1998. S.260. Hervorhebung im Original.
[171] Ebd. S. 263.

werden. Entscheidend für den Dokumentarfilm sei die Bereitschaft zur Konstruktion eines als real präsupponierten Enunziators. Es gäbe nicht eine, sondern zahlreiche Spielarten der dokumentarisierenden Lektüre (soziologisch, historisch, indexikalisch, psychoanalytisch), je nachdem welche Instanzen als Enunziatoren ausgewählt würden (Gesellschaft, Kamera, Autor, etc.). Die Anwendung kann punktuell, umfassend und parallel erfolgen. Doch der Zuschauer entscheide nicht unabhängig vom Filmtext über den Lektüremodus:

> „Wir sagen, daß [sic] [...] ein Film dem dokumentarischen Ensemble angehört, wenn er in seiner Struktur explizit (auf die eine oder andere Weise) die Anweisung zur dokumentarisierenden Lektüre integriert, d.h. wenn er die dokumentarisierende Lektüre programmiert. Diese Anweisung kann entweder im Vorspann oder innerhalb des filmischen Textes selbst vorkommen."[172]

Odin betont, dass ein Dokumentarfilm auch dann einer bleibt, „wenn man über ihn eine negative Beurteilung, was die Wahrheit des Dargestellten und die Aufrichtigkeit seines Autors anbelangt"[173] trifft, auch wenn sich die Inhalte als Fälschungen oder Lügen entpuppen.

Für Eitzen ist die Rezeptionshaltung gegenüber dokumentarischen Filmen dadurch gekennzeichnet, dass der Darstellung ein Wahrheitsanspruch unterstellt wird. Gleichzeitig mahnt er jedoch, dass es erst noch zu erforschen gelte, wann die Zuschauer eine dokumentarisierende Lektüre anwenden.[174] Entscheidend sei die Lesart, die jedoch wiederum von „metatextuellen" Faktoren und Konventionen abhinge. Einerseits ist laut Eitzen der Dokumentarfilm keine Textsorte, sondern eine Lesart,[175] andererseits wird die Lektüre vom Text programmiert. Auch bei Odin ist nicht ganz klar, welche Instanz letztlich entscheidet: Die Rahmung und das „stilistische System", die eine Lesart bestimmen, oder der Zuschauer, der seine Lektüre durchsetzt? Wenn letztendlich doch die Kategorie des Textes, erweitert um die Kategorie diffuser Kontexte, die Lesart programmiert, so ist gegenüber den textorientierten Ansätzen allerdings nicht viel gewonnen.

Nicht nur Text und Kontext wirken sich auf die Bedeutungskonstruktion aus, sondern auch die lebensweltliche Erfahrung des Zuschauers. Vivian Sobchak sieht

---

[172] Ebd. S. 267.
[173] Vgl. Ebd. S. 62.
[174] Vgl.: Eitzen, 1998. S. 38.
[175] Vgl. ebd. S. 31.

den Zuschauer als „active agent“[176] und revidiert die Vorstellung einer passiven, d.h. einer entkörperlichten, voraussetzungslosen Rezeption, in die sich das Gesehene einschreibt.

Die Aufwertung des Rezipienten vollzieht die Aufwertung des Lesers in der Literaturwissenschaft nach. Die „Sinnkonstitution des Textes“ wird dort „zu einer unverkennbaren Aktivität des Lesers“.[177] Barthes' Essay DER TOD DES AUTORS (1968) hat einer ganzen Debatte den Namen gegeben. Statt den Text als statische Größe zu betrachten, distanziert sich Barthes darin vom Strukturalismus und wendet sich der Sinnkonstitution durch den Leser zu. Der scheidenden Instanz des Autors wird die entscheidende Instanz des Lesers gegenübergestellt.[178]

Zusammenfassend lässt sich festhalten, dass „Filmbilder“ nicht von sich aus preisgeben, „ob sie [...] dokumentarisch sind oder nicht“.[179] Authentizität ist eine wirkungsästhetische Kategorie und kann - da sie nicht ontologisch begründet ist - kopiert werden.[180] Hinzu kommt die selbst empirisch schwer zu fassende Kategorie des Rezipienten, der als aktiver Sinnproduzent dem jeweiligen Film in einer konkreten Rezeptionssituation mit seinem Weltwissen und jeweiligen Medienkompetenz gegenübertritt.

2.8 Zusammenfassung

Noch besteht das Theoriegebäude des dokumentarischen Films aus vielen heterogenen Bausteinen. Bisher ist es nicht gelungen die verschiedenen Ansätze zu synthetisieren. Die Paradigmenwechsel in den allgemeinen Filmtheorien wurden dabei auch von der Dokumentarfilmtheorie adaptiert. Es lässt sich jedoch konstatieren, dass der Täuschungs- und Manipulationsverdacht den Dokumentarfilm, trotz aller Umbrüche in der Begriffsgenese und Ausdifferenzierung der Repräsentationsmodi, immer schon begleitet hat.

---

[176] Sobchack, Vivien: *Toward a Phenomenology of Nonfictional Film Experience.* In: Gaines, Jane M. / Renov, Michael (ed.): Collecting visible evidence. Minneapolis/London: University of Minnesota Press. 1999. S. 253.

[177] Iser, Wolfgang: Der implizite Leser. München: Wilhelm Fink 1972. S.7.

[178] Vgl. Barthes, Roland: *Der Tod des Autors.* In: Jannidis, 2003. S. 185 - 193.

[179] Heller, 2001. S. 16.

[180] vgl. Hattendorf, 1999. S. 72.

Während das frühe Filmpublikum entsprechende Erwartungshaltungen an die Authentizität der medialen Darstellung zunächst diskursiv ausgehandelt hat, setzte bald ein Abgrenzungsdiskurs von einer stets schon als korrumpiert empfundenen Darstellungspraxis des Spielfilms ein, die den Zuschauer manipuliere, statt ihm zu Erkenntnissen über die soziale Wirklichkeit zu verhelfen. Diese dezidiert normative Ausrichtung prägt die Auseinandersetzung mit dokumentarischen Filmen noch bis heute. Demnach scheint die Gattung unausweichlich mit dem Garantieversprechen einer privilegierten Realitätswiedergabe verbunden zu sein. Die vielfältige Ausdifferenzierung der Formen beweist jedoch, dass die Darstellungsmodi in der Zuverlässigkeit ihres Wirklichkeitszugangs und der Authentizitätseffekte stets kontingent sind. Jede Form antwortet dabei im Sinne einer radikalen Abkehr von überkommenen Darstellungsparadigmen auf einen vorausgegangenen Täuschungs- und Manipulationsverdacht. Kritiker eines affirmativen Authentizitätsversprechens fordern daher vom progressiven Filmtext, dass er durch reflexive Verfahren die eigene Verfasstheit im Bezug auf die Konstruktion von Wirklichkeit aufzeigt. Dabei denkt Nichols den Zusammenhang zwischen dokumentarischen Vermittlungsstrategien und Rhetorik nicht konsequent zu Ende, sondern bleibt bei einem postulierten verantwortungsvollen Umgang mit den Persuasionsmöglichkeiten stehen.

Auf Ebene des dokumentarischen Films als Text lässt sich kein Vertrauen in die Darstellung begründen, was durch *mockumentaries* und Fälschungen in den Medien eindrücklich vor Augen geführt wird. Die Authentizität muss hierbei durch eine glaubwürdige Instanz verbürgt sein, was letztlich zu einer Ausweitung des Verdachts auf diese Instanzen führt. Glaubwürdigkeit ist eine fundamentale Kategorie der Rhetorik. Die Rhetorik wird, nachdem sie durch den neuzeitlichen Rationalisierungsprozess marginalisiert oder bestenfalls zu einer systematischen Anleitung für das persuasive Sprechen degradiert wurde, in verschiedenen Disziplinen revitalisiert, da sie angesichts der Repräsentations- und Erkenntniskrise in der Moderne neue Perspektiven eröffnet. Das Beispiel acheiropoetischer Zeichen, die ihre Evidenz scheinbar nicht den vermittelnden Eingriffen des Menschen verdanken, zeigt, dass nicht jede Form der Medialisierung gleichermaßen unter Verdacht gestellt wird. Dies schreibt sich noch in den Diskursen über Fotografie und Film weiter fort. Gleichzeitig verliert der Authentizitätsbegriff in der Moderne seine Implementierung in einem emphatischen Evidenzverhältnis zur repräsentierten Wirklichkeit und wird zum Ausdruck eines Problembewusstseins. Auch hier zeigt sich, dass ein Garantieversprechen nicht mehr nur auf der Ebene der Zeichen, sondern auch auf der Ebene ihrer Verbürgung, erzeugt werden muss, damit sich Glaubwürdigkeit einstellt.

3. Das Fernsehen als verdächtiges Medium

Tritt der Dokumentarfilm im Fernsehen auf - und damit in dem Medium, in dem er rein quantitativ am stärksten repräsentiert ist - scheint eine doppelte Last des Verdachts auf ihm zu liegen. Denn dem Fernsehen, das sich nach seiner Entstehung rasant zum neuen Leitmedium entwickelt hat, wehten schon bald kulturkritische Winde entgegen. Eine der Fragen, die dabei immer wieder im Mittelpunkt steht, lautet: „Transportieren Fernsehbilder Abbilder der Wirklichkeit in unsere Wohnzimmer oder inszenieren sie Wirklichkeit(en)?“[181]

Massenmedien wie das Fernsehen sind zu „Instrumenten der Wirklichkeitskonstruktion geworden“.[182] Möglich ist dies aber nur durch die „Tendenz, die eigene Medialität unsichtbar zu machen“.[183] Denn immer dann, wenn kommuniziert wird,

> „hat man es *nur* mit Zeichen zu tun, mit Medialität - und zugleich erheben diese Signifikanten doch Ansprüche über das bloß Mediale hinaus, berichten *wahre Begebenheiten*, stellen *reale Forderungen*, verlangen, daß [sic] man sie *glaubt*, sich auf diese einlässt oder sogar Konsequenzen des Handelns zieht.“[184]

Die scheinbar notwendige operative Transparenz von Medialität in Kommunikationsprozessen bildet eine Schnittstelle zwischen Fernseh- und Dokumentarfilmkritik. Ob eine partielle Aufhebung dieser Transparenz als aufklärerisches Moment gesehen werden kann, die - wie im Fall von *TV-mockumentaries* - von den Medien selbst exekutierbar ist, soll nun im Folgenden vor dem Hintergrund eines allgemeinen Medienverdachts diskutiert werden.

---

181 Schmidt, Siegfried J.: Die Wirklichkeit des Beobachters. In: ders. et. al. (Hg.): Die Wirklichkeit der Medien. Opladen: Westdeutscher Verlag .1994. S.3.

182 Schmidt, 1994. S. 14.

183 Ebd.

184 Andree, Martin: Archäologie der Medienwirkung. Faszinationstypen von der Antike bis heute. München: Wilhelm Fink 2005. S. 433. Hervorhebung im Original.

3.1 Kultur- als Medienkritik

Die kulturpessimistische Inkriminierung des Fernsehens hat das Medium schon von früh an begleitet. Dabei wurde und wird immer wieder auf die Schädlichkeit des Fernsehens hinsichtlich einer Repräsentation der Realität abgezielt, die ihren Status als solche verdeckt. Günter Anders gilt als erster, der zu einem wirklichkeitskonstitutiven Medienbegriff vorgedrungen ist,[185] gleichzeitig aber ist er einer der vehementesten Kritiker der medialen Wirklichkeit in den 50er Jahren.[186] In DIE WELT ALS PHANTOM UND MATRIZE (1956) beschreibt er das prekäre Verhältnis zwischen Mensch und Welt, das durch die Medien produziert werde. Allerdings sind Anders' Gedanken von einer generellen Medientheorie weit entfernt, er beschreibt hauptsächlich die Wirkung und Struktur des Fernsehens.

Vehement weist er die Überzeugung zurück, das Fernsehen ließe sich beliebig nutzen. Vielmehr seien „die Einrichtungen selbst [...] Fakten und zwar solche, die uns prägen".[187] Die technische Apparatur ließe keinen beliebigen Umgang mit sich zu. Sie prägt den Rezipienten, seinen Weltzugang und schließlich die Welt selbst.[188] Die Differenz zwischen Sein und Schein gerate ins Wanken und könne vom Zuschauer nicht aufrechterhalten werden; alles gleite vielmehr ins Phantomhafte. Realität wird somit als ein medialer Effekt konzeptualisiert. Die Welt, die den Rezipienten als konsumierbares Gut, vergleichbar dem immer fließenden Leitungswasser, geliefert werde, sei halb an- und halb abwesend, gleichzeitig nah und fern. Das Ereignishafte würde dabei zur Ware verkommen. Der Unterschied zwischen Wirklichkeit und Bild werde aufgehoben. Die Ereignisse werden dieser Logik nach „zur bloßen Matrize ihrer Reproduktion"[189], da „ihnen soziale Realität erst als reproduzierte zukommt".[190] Das Reale werde zur Reproduktion seiner Reproduktion. Das Medium schaltet sich zwischen und verhindert die bisherige Realitäts- und Weltaneignung. Das Fernsehen ersetzt somit eine Realität, die nicht mehr unmittelbar zugänglich ist

---

185 Vgl. Mersch, Dieter: Medientheorien. Hamburg: Junius 2006. S. 88.

186 Vgl. Bartz, Christina: *„Das geheimnisvolle Fenster in die Welt geöffnet" –Fernsehen* In: Kümmel, Albert et. al. (Hgg.): Einführung in die Geschichte der Medien. Paderborn: Wilhelm Fink 2004. S. 212.

187 Anders, Günter: *Die Welt als Phantom und Matrize. Philosophische Betrachtungen über Rundfunk und Fernsehen.* In: Pias, Claus et. al. (Hgg.): Kursbuch Medienkultur. Die maßgeblichen Theorien von Brecht bis Baudrillard. Deutsche Verlags Anstalt. 4. Aufl. Stuttgart 1999. S. 209.

188 Vgl. ebd. S. 210.

189 Ebd. S. 214.

190 Ebd. S. 217.

und nivelliert eine ursprüngliche Verschiedenheit. Der Begriff der „ontologischen Zweideutigkeit“ beschreibt das „Ineinanderübergehen zweier unterschiedlicher Realitätssphären - Realwelt des Alltagslebens und Bilderwelt des Fernsehens - die sich tendenziell und in zunehmendem Maß, bis zur Ununterscheidbarkeit miteinander vermischen“.[191] Diese neue Welt sei post-ideologisch, weil alles bereits „arrangiertes Schauspiel“ sei: „Wo sich die Lüge wahrlügt, ist ausdrückliche Lüge überflüssig.“[192] Der ohnehin prekäre Status einer televisuellen Wirklichkeitswiedergabe sei immer schon lügenhaft und habe daher kategorisch die Auflösung eines öffentlichen Selbstverständnisses zur Folge, das sich ehemals auf die epistemologischen Voraussetzungen eines prä-televisuellen Weltzugangs bezog.

Im Gegensatz zu Anders sah die *Kritische Theorie* nach Horkheimer und Adorno die schädliche Wirkung der Massenmedien nicht primär strukturell, sondern vor allem auch inhaltlich begründet. Das Fernsehen als Teil der Kulturindustrie trägt zur „Anti-Aufklärung“ bei und „verhindert die Bildung autonomer, selbstständiger, bewusst urteilender und sich entscheidender Individuen“.[193] Das Fernsehen sei dabei ein ideales Instrument zur Manipulation und Repression, *weil* es Massenmedium sei. Die Mediennutzer begehrten am Ende nur noch das, was ihnen von der Kulturindustrie ohnehin geliefert werde[194] und würden somit zu Opfern ökonomischer Interessen. Dem autonomen Kunstwerk würden „Effekt“ und „Formel“ gegenüber treten, die keinen anderen Zweck erfüllten, als die Wirklichkeit ideologisch zu verstellen, wo sie sie scheinbar abbildeten:

> „Je dichter und lückenloser ihre Techniken die empirischen Gegenstände verdoppeln, um so leichter gelingt heute die Täuschung, daß [sic] die Welt draußen die bruchlose Verlängerung derer sei, die man im Lichtspiel kennenlernt. [...] Das Leben soll der Tendenz nach vom Tonfilm nicht mehr sich unterscheiden lassen.“[195]

Schon vor Günter Anders hat Adorno, dem das Kapitel über *Kulturindustrie* in der DIALEKTIK DER AUFKLÄRUNG (1947) zugeschrieben wird, die Realitätserfahrung des Rezipienten als künstliches Produkt medialer Vermittlung konzeptuali-

---

[191] Schnell, Ralf: Medienästhetik. Zu Geschichte und Theorie audiovisueller Wahrnehmungsformen. Stuttgart/Weimar: Metzler 2000. S. 195.
[192] Anders, 1999. S. 218.
[193] Adorno, Theodor W.: *Résumé über Kulturindustrie*. In: Pias, 1999. S. 208.
[194] Vgl. Adorno, Theodor W./ Horkheimer, Max: Dialektik der Aufklärung. Sozialphilosophische Fragmente. Frankfurt/Main: Suhrkamp 1981. S. 144.
[195] Adorno/Horkheimer, 1981. S. 147.

siert. Diese Wirklichkeit sei jedoch schematisiert und wirke entsprechend auf den Mediennutzer, der nicht mehr als Individuum, sondern nur noch als Objekt im Verwertungszusammenhang erschiene.[196] Die Vereinheitlichung des Medienangebots habe die Vereinheitlichung der Konsumenten zur Folge.

Die DIALEKTIK DER AUFKLÄRUNG entstand im amerikanischen Exil, unter dem Eindruck der Nazi-Propaganda, sowie der massenkulturellen Unterhaltungsindustrie in Hollywood.[197] Bartz konstatiert, dass sich in den fünfziger und sechziger Jahren „ein Wissen über den Zusammenhang von Masse und Medium herausbildet, das seitdem in den Debatten persistiert".[198] Dabei würden „manipulative Medien und beeinflussbare Massen"[199] als zwei sich notwendig zueinander ergebende Abhängigkeiten gedacht. In der Masse sei der Einzelne entindividualisiert. Die Willenlosigkeit der Masse werde, auch der historischen Erfahrung im Dritten Reich wegen, vorausgesetzt und bedürfe keiner ursächlichen Herleitung.[200] Die Semantik der Masse zeigt dabei, wie das Fernsehen als gesellschaftstransformierende Kraft vorgestellt wird, die mit der Bereitstellung gewisser Kulturtechniken sogar zu einem allgemeinen Niedergang der demokratischen Grundordnung führen könnte.

Der amerikanische Medienkritiker Neil Postman sieht das Fernsehen als Teil eines öffentlichen Diskurses, „der immer mehr die Form des Entertainments annimmt".[201] Er sieht, ähnlich wie Anders, die Ursache für die Fehlleistung des Fernsehens nicht im Inhalt, sondern in der Form begründet. In struktureller Hinsicht neige das Fernsehen zur grenzlosen Trivialisierung der Inhalte, weil es auf dem Primat des Bildes statt des gesprochenen oder geschriebenen Wortes beruhe: die „Form arbeitet gegen den Inhalt".[202] Daher spricht Postman dem Fernsehen auch nicht seine Daseinsberechtigung als Unterhaltungsmedium ab, erklärt aber, dass es nicht nur bedenklich, sondern gefährlich sei, wenn es als „Vermittler bedeutsamer kultureller Botschaften"[203] auftrete. In der intermedialen Gegenüberstellung mit mündlicher bzw. schriftlicher Kommunikation offenbart der televisuelle Diskurs laut Postman seine Schwächen. Postman geht davon aus, dass das Fernsehen eine eigene Zeitstruk-

---

[196] Vgl. Adorno/Horkheimer, 1981. S. 164.
[197] Erschienen ist das Werk erst 1969 offiziell in einem deutschen Verlag.
[198] Bartz, Christina: MassenMedium Fernsehen. Die Semantik der Masse in der Medienbeschreibung. Transcript. Bielefeld 2007. S. 9.
[199] Vgl. ebd. S. 129.
[200] Vgl. ebd. S. 136.
[201] Postman, Neil: Wir amüsieren uns zu Tode. Frankfurt/Main: Fischer 1985. S. 12.
[202] Ebd S. 16.
[203] Ebd. S. 27.

tur aufweist, die das Gesendete als diskontinuierliche Aneinanderreihung disparater Inhalte taktet, die alle die gleiche Aufmerksamkeit erfordern. Die Folge sei eine Nivellierung sämtlicher Inhalte, eine umfassende Dekontextualisierung, denn nichts sei so gewichtet, dass es nicht durch den nächsten Programmpunkt gleich wieder in die Vergessenheit gedrängt werde.[204] Die kurzweilige und oberflächliche Darstellung verhindere jedoch eine kritische Hinterfragung. Das Resultat wäre eine *schöne, neue Welt* ohne Widersprüche, wie sie Aldous Huxley einst dystropisch beschrieben hat und wie sie auch Anders in einem postideologischen Zeitalter ähnlich herannahen sah. Postman befürchtet, dass „die Glaubwürdigkeit als entscheidendes Wahrheitskriterium im Fernsehen an die Stelle der Realität tritt".[205] Diese Befürchtung setzt allerdings stillschweigend voraus, dass Realität unvermittelt zur Anschauung kommen könnte.

Allen kulturpessimistischen Auseinandersetzungen mit dem Fernsehen ist gemeinsam, dass „jeweils Verluste beklagt" werden, „die in Wahrheit einem spezifisch vorgeformten Verständnis von Kultur zugehören".[206] Der durch Medien induzierte Kulturverfall kommt diesem Verständnis nach häufig dadurch zustande, dass ein Leitmedium (z.B. die Schrift) durch ein neues (z.B. das Fernsehen) abgelöst wurde. Der Medienumbruch wird dann als Zäsur verstanden. Dabei werden epistemologische, kulturelle und kommunikative Zusammenhänge häufig kurzgeschlossen und erfüllen entsprechend ihre negative Rolle in dem universalen kulturpessimistischen Erklärungsgefüge.

Es bleibt jedoch zu fragen, inwiefern sich Medialität als Basisoperation, die substantielle Grenzen transzendiert und in kommunikativen Funktionszusammenhängen steht, überhaupt ohne die gegen das Fernsehen vorgebrachten *Defizite* denken lässt und ob es sich dann überhaupt noch um Defizite oder eher um strukturimmanente Bedingungen handelt. Die strukturelle Besonderheit einer medialen Vermittlung besteht immer in einem Akt der Transformation, der niemals die Sache selbst liefert.

Dennoch finden Klagen vom Verlust unmittelbarer Erfahrung,[207] von der Ununterscheidbarkeit von medial vermittelter Realität und alltäglicher Erfahrungswirklichkeit sowie die Ideologiekritik am Fernsehen als normsetzende und hand-

---

[204] Vgl. ebd. S. 123 f.
[205] Ebd. S. 126.
[206] Schnell, 2000. S. 197.
[207] Die im Übrigen kulturhistorisch lange vor dem Aufstieg des Fernsehens zum „Massen"-Medium eingesetzt haben.

lungskoordinierende Instanz, ihren Niederschlag in einem generellen Manipulationsverdacht.

3.2 Emanzipatorischer Medienumgang

Doch die gesellschaftliche Nutzbarkeit des Fernsehens wurde nicht nur negativ beurteilt. Brecht etwa sah nicht allein im Spektrum der traditionellen Kunsteinrichtungen, wie Literatur und Theater, das Potential wirkfähige politische Arbeit zu leisten. Mit seinen Überlegungen zum Rundfunk leitete er eine Diskussion über die Funktionen und Möglichkeiten der Massenmedien Radio und Fernsehen ein. Im Zentrum dieser Debatte steht die Frage, ob diese Medien „überhaupt als Kommunikationsapparate zu verstehen“ seien „und warum ihre Realisierung in dieser Richtung bisher gescheitert“[208] sei. Die technische Entwicklung ergab sich nach Brecht keineswegs zwangsläufig aus einem zugrunde liegenden Bedürfnis, sondern entstand zufällig. Daher habe die Technik auch nicht von vornherein eine gesellschaftliche Aufgabe, sondern müsse diese erst verliehen bekommen.[209] Bei richtiger Anwendung könne der Rundfunk aber zur unmittelbaren Auseinandersetzung mit den sozialen Verhältnissen dienen und die Zuhörer im pädagogisch verstandenen Sinne aufklären. Bisher sei der Rundfunk jedoch lediglich als Distributionsapparat benutzt worden, er teile lediglich zu, schaffe aber keinen Austausch zwischen Produzenten und Rezipienten. Es müsse daher zu einer Umwandlung des reinen Distributions- in einen Kommunikationsapparat kommen. Der Rundfunk könnte so die Distanz zwischen Volk und Volksvertreten verringern und als wichtige Instanz der Kritik - gleichsam von unten nach oben - fungieren.[210]

Die Nutzung der Rundfunkmedien als Propagandainstrumente, welche als eine wirkmächtige Anwendung in der Geschichte empirisch erfahrbar geworden war, störte diesen optimistischen Glauben an die Möglichkeiten eines emanzipatorischen Medienumgangs nicht, da nicht das Medium von sich aus vorgebe, welcher Gebrauch von ihm zu machen sei.

---

[208] Fahle, Oliver: *Eine Debatte. Zur Einführung*. In: Pias, 1999. S. 255.

[209] Vgl.: Brecht, Bertolt: *Der Rundfunk als Kommunikationsapparat. Rede über die Funktion des Rundfunks*. In: Pias, 1999. S. 259.

[210] Vgl. Brecht, 1999. S. 260.

Enzensberger bezieht sich auf Brecht, wenn er den Linken vorwirft, den Rundfunkmedien nur unreflektiertes Ressentiment entgegenzubringen. Er gibt zu bedenken, dass die Vorstellung des repressiven Charakters der Medien ihren Ursprung „in der bis dahin theoretisch unauflösbaren Verbindung der Begriffe Massenmedien und Manipulation, die seit dem Adornoschen Verdikt der Bewußtseinsindustrie [sic] auf der Medientheorie lastet",[211] habe. Enzensberger sieht in Brechts Idee eine Chance zum emanzipatorischen Mediengebrauch, denn „das einseitige Verhältnis von Sender und Empfänger ist den Medien nicht inhärent, sondern wird erst durch die strukturellen Bedingungen der Gesellschaftsordnung zementiert".[212] In ihrem derzeitigen Zustand freilich, so Enzensberger, verhinderten die Medien noch Kommunikation. Er vergleicht das aktuelle Programmangebot mit dem Wahlprogramm autoritär verfasster Parteien. Analog zum Wähler habe der Fernsehzuschauer nur eine Möglichkeit zur „Willensbildung", die „auf die Rückmeldung eines einzigen, dreiwertigen Schaltvorgangs" hinausliefe: „1.Programm, 2.Programm, 3.Ausschalten des Geräts (Stimmenthaltung)."[213]

Da Rundfunk und Fernsehen sich allerdings nicht zentral steuern ließen, seien sie nicht prinzipiell dazu geeignet zu Machtinstrumenten repressiver Anschauung zu verkommen.[214] Der neuen Linken wirft Enzensberger Medienfeindlichkeit vor. Sie habe die „Entwicklung der Medien auf einen einzigen Begriff gebracht: den der Manipulation".[215] Grundvoraussetzung dieser Manipulationsthese sei aber der Glaube, es gäbe „in politischen und gesellschaftlichen Fragen eine reine, unmanipulierte Wahrheit".[216] Verstünde man hingegen den Begriff der Manipulation - in seiner Bedeutung als Hand- oder Kunstgriff - als „technisches Eingreifen in gegebenes Material"[217], werde deutlich, dass er lediglich die Grundoperation der medialen Wahrheitsvermittlung umfasse. Demnach könne nicht die Frage entscheidend sein, *ob* die Medien Manipulation betreiben, sondern *wer* manipuliert. Aufgabe einer sozialistischen Theorie der Medien ist es demzufolge, eine Ideologiekritik der Produktionsabläufe und -inhalte zu leisten. Gleichzeitig seien die Medien ihrer adäquaten Nutzung zuzuführen. „Spätindustrielle Gesellschaften" seien auf „ungehinderten Informations-

[211] Fahle, 1999. S. 256.
[212] Ebd. S. 257.
[213] Enzensberger, Hans Magnus: *Baukasten zu einer Theorie der Medien.* In: Pias, 1999. S. 266.
[214] Vgl. ebd. S. 267 und S. 273.
[215] Ebd. S. 268.
[216] Ebd.
[217] Ebd. S. 271.

austausch angewiesen",[218] weshalb eine totalitäre Lenkung schließlich an den dezentralen Strukturen der Massenmedien und den Bedürfnissen der Menschen scheitern müsste.

Während Brecht und Enzensberger die erstrebenswerte Verwirklichung eines emanzipatorischen Medienumgangs durch geeignete institutionelle Lenkung vertreten, erteilt der französische Poststrukturalist Baudrillard dieser Hoffnung eine klare Absage. Die strukturellen Eigenschaften der Medien verhinderten jegliche Kommunikation, unabhängig von ihrer gesellschaftlichen Einbettung und Lenkung. Der Marxismus bildet dabei für seine Thesen nicht mehr die einzige Bezugsgröße, vielmehr wird das Analyseinstrumentarium durch Semiologie und die Theorie des Symbolischen, nach der saussurschen Linguistik und der Ethnologie Claude Lévi-Strauss', ergänzt.

> „Statt einer »Kritik der politischen Ökonomie« hieß das Programm also eine »Kritik der symbolischen Ordnung«, die die Basis des Sozialen nicht in den »jeweiligen Produktionsbedingung« erblickte, sondern in der Form der Kommunikation." [219]

Baudrillard bezeichnet Enzensbergers Ideen als „revolutionäre Metaphysik".[220] Und er überspitzt seine Kritik mit den Worten: „Warum kämpfen (vor allem um eine eigene Frequenz), wenn die Medien doch von selbst den Sozialismus verwirklichen? Wo dies doch ihre strukturelle Bestimmung ist?"[221]

Baudrillard versteht Kommunikation als Austausch, als reziproken Vorgang mit Rede und Antwort, die durch die Medien verunmöglicht wird. Da sie den Austausch auf die abstrakte Ebene von Codes überführten, werde der Tausch abgeschafft. Entsprechend sieht er auch kein Funktions- sondern ein Strukturproblem gegeben, das unlösbar sei. Dadurch, dass Medien wie von selbst ein Monopol der Rede errichteten, ergäbe sich ein Strukturzwang, der sie, „in welchem Kontext auch immer, unausweichlich mit dem Machtsystem solidarisiert".[222] Denn „die Macht gehört demjenigen, der zu geben vermag und dem nicht zurückgegeben werden kann".[223] Innerhalb der Logik des Mediensystems könne aber nicht zurückgegeben werden, denn dessen symbolische Ordnung mache diesen Prozess unmöglich. Baudrillard glaubt nicht an die revolutionäre Kraft der Medien, ebenso wenig daran,

---

[218] Ebd. S. 267.
[219] Mersch, 2006. S. 155.
[220] Baudrillard, Jean: *Requiem für die Medien*. In: Pias, 1999. S. 282.
[221] Ebd. S. 283.
[222] Ebd. S. 287.
[223] Ebd. S. 284.

dass die Medien aus der Kontrolle der Macht befreit werden müssten, um daraufhin ihr wahrhaftes Potential entfalten zu können. Auch in Baudrillards medienontologischer Perspektivierung bestimmen Medien konstitutiv die Art und Weise der Wahrnehmung von Wirklichkeit und können somit gesellschaftliche Strukturen wirkmächtig verändern.

Für John Fiske hingegen ist das Fernsehen ein von Grund auf demokratisches, kein autoritäres Medium. Fernsehen sei zu verstehen als Prozess, bei dem die Textualität der Sendung zu einem maßgeblichen Teil vom Zuschauer überhaupt erst erzeugt werde. Das Fernsehen bilde demnach ein Anwendungsfeld kultureller Kompetenzen für den Zuschauer.[224] Der Vorwurf der Manipulation ist diesem Verständnis völlig fremd. Das Medium scheint die Aktivierung des Zuschauers, wegen der Verfasstheit des in ihm angelegten Kommunikationsprozesses, ganz selbstverständlich zu erfüllen. Es handle sich beim Fernsehen um segmentierte Texte, „in welchen Diskontinuität, Sequenzialität und Widerspruch eine Vorrangstellung vor Kontinuität, Geschlossenheit und Einheitlichkeit einnehmen".[225] Der Zuschauer, der in der Lage sein müsse Zusammenhänge zu erkennen und richtig einzuordnen, sei entsprechend versiert diese Zuordnungsleistung kompetent zu erfüllen. Doch nicht nur, dass das Fernsehen seinen Zuschauern bei diesem Ansatz auf einer kommunikativen Augenhöhe begegnet, es fordere sein Gegenüber sogar zur aktiven Teilnahme heraus:

> „Die in letzter Zeit bemerkbare Tendenz zur Selbstbezüglichkeit des Fernsehens - die explizite Anerkennung der eigenen Textualität - ist ein gutes Beispiel für [...] die Form, mit der es semiotische Macht an seine Zuschauer delegiert."[226]

Der Distributions- ist dabei immer schon ein Kommunikationsapparat. Die Beispiele, die Fiske zur Untermauerung seiner These anführt, sind jedoch problematisch, da Serien im Mittelpunkt stehen, die auf unterschiedliche Weise ihren Herstellungsprozess thematisieren. Davon ausgehend, schließt er auf die grundlegende und stets vorhandene Bereitschaft des Zuschauers, den Illusionsbruch aus Gründen des Genusses initiativ zu vollziehen. Eine Haltung, die in jedem Falle über eine als passiv verstandene Hingabe an die Illusion triumphieren würde. Fiskes Überlegungen stehen dabei im Kontext der *Cultural Studies*, wobei die Polysemie des televisuellen Textes

[224] Vgl. Fiske, John: Augenblicke des Fernsehens. In: Pias, 1999. S. 241.
[225] Ebd. S. 242.
[226] Ebd. S. 250.

grundsätzlich als Voraussetzung für einen emanzipatorischen Medienumgang gewertet wird.

Offenkundig wird das Fernsehen in den spannungsreichen Diskursen um sein emanzipatorisches Potential zu einem Politikon, das entweder basisdemokratischen Prozessen förderlich ist oder einer totalitären Logik folgt und das damit immer schon machtideologisch zu verdächtigen wäre. Auch hier wird das Fernsehen dabei primär hinsichtlich seiner gesellschaftlichen Funktion, im Sinne eines wirklichkeitskonstitutiven Leitmediums, begriffen.

Während sich für Baudrillard die Frage nach der Glaubwürdigkeit des Kommunikationsmediums Fernsehen überhaupt nicht stellt, wird es von Brecht und Enzensberger von einem ihm wesensmäßigen Verdacht prinzipiell freigesprochen. Der Verdacht hängt nicht von der strukturellen Beschaffenheit des Mediums, sondern nur von dem Umgang mit dem Medium ab. Die technische Medienbeschaffenheit bildet dabei keine Determinante ihres Gebrauchs.

3.3 Die Problematik eines generellen Manipulationsverdachts

Die epistemologischen Herausforderungen medial vermittelter Realitäten haben den Konstruktivismus und die Systemtheorie zu eigenen Erklärungsansätzen angeregt. „Was wir über unsere Gesellschaft, ja über die Welt, in der wir leben, wissen, wissen wir durch die Massenmedien“[227], lautet ein oft zitierter Satz von Niklas Luhmann. Nach Luhmann haben die Massenmedien die Aufgabe, Orientierungswissen über die Realität bereitzustellen. Sie unterscheiden sich von den Kommunikationsmedien (Sprache, Schrift, Druck), weil sie ein autopoietisches Funktionssystem in der Gesellschaft bilden.

Luhmann konstatiert, dass aus der Erfahrung zwar bekannt sei, dass den Medien nur unter Vorbehalt zu trauen ist. Dieses Wissen führe aber über einen Manipulationsverdacht hinaus „nicht zu nennenswerten Konsequenzen, da das den Massenmedien entnommene Wissen sich wie von selbst zu einem selbstverstärkenden Gefüge zusammenschließt“.[228] Zwar könne in Einzelfällen diese vermittelte Realität an einem vorhandenen Wissen über bestimmte Sachverhalte überprüft werden, „für

[227] Luhmann, Niklas: Die Realität der Massenmedien. 3.Aufl. Wiesbaden 2004. S. 9
[228] Ebd.

die Masse der täglich laufenden Kommunikationen"[229] aber, sei dies ausgeschlossen. Das medial Berichtete übersteigt die Kapazitäten einer Nachprüfbarkeit durch das individuell Erfahrbare. Man muss den Massenmedien vertrauen, um von dem Druck entlastet zu werden, jeden Wahrheitsanspruch im Einzeln zu prüfen. Dort wo es mehrere Möglichkeiten des Handelns und Erlebens gibt, bildet „Vertrauen eine wirksame Form der Reduzierung von Komplexität".[230] Für Luhmann sind die Massenmedien ein Produkt der funktionalen Differenzierung der modernen Gesellschaft. Sein Medienbegriff umfasst primär die Vorstellung einer auf Technik basierenden massenhaften Verbreitung, die eine Interaktion durch Zwischenschaltung der Technik unmöglich macht.[231] Die Technik stellt somit eine Grenze dar, durch die sich das System durch Abgrenzung konstituieren kann. Allerdings blendet Luhmann den Faktor Technik, abgesehen von dieser Funktionszuschreibung, in seinen weiteren Ausführungen aus.[232] Luhmann appliziert als Soziologe eine fertige Theorie auf den Gegenstand Massenmedien, den er noch dazu als ein Teilsystem der Gesellschaft in seine konstruktivistisch argumentierende Theorie sozialer Systeme integriert. „Es kommt" daher „nur das vor, was die Theorie verarbeiten kann".[233] Da es sich um einen differenztheoretischen Ansatz handelt, bedeutet System zugleich *System und Umwelt*. Der Code, der bei den Massenmedien als Unterscheidung die Selbstbeobachtung im Sinne von einer System-/Umweltdifferenz erst ermöglicht, ist nach Luhmann die Unterscheidung von Information und Nicht-Information.[234] Der Manipulationsverdacht ergibt sich dabei aus der Kenntnis dieses Selektionsmechanismus'.[235] Im Gegensatz zu dem System der Wissenschaft, werde die Information nicht derart reflektiert, dass

---

229 Luhmann, 2004. S. 15.

230 Luhmann Niklas: Vertrauen. Ein Mechanismus der Reduktion sozialer Komplexität. 3., durchges. Aufl. Stuttgart: Enke 1989. S. 9.

231 Nicht nur das interaktive Medien dabei aus dem Gegenstandsbereich ausgeklammert werden, Luhmanns Theorie ist hier auch statisch gegenüber einem Möglichkeitshorizont und gegenüber der Dynamik der Veränderung medialer Strukturen nicht aufgeschlossen.

232 Zur Vielschichtigkeit des Luhmann'schen Medienbegriffs, vgl. Grampp, Sven: *McLuhmann. Niklas Luhmanns Systemtheorie und die Realität der Medien. In: Medienwissenschaft*. Rezensionen. Reviews. 3/2006. S. 260 - 276. Die technologisch-materielle Basis der Verbreitungsmedien, zu denen die sog. ‚Massenmedien' zählen, rückt erst ins Zentrum der Aufmerksamkeit, wenn es um eine Epochenwirksamkeit hinsichtlich gesellschaftsstrukturierender und revolutionierender Techniken geht. So habe der Buchdruck die moderne Ausdifferenzierung der Gesellschaft auf Grundlage seines technischen Reproduktionsverfahrens provoziert.

233 Leschke, Rainer: Einführung in die Medientheorie. München: Wilhelm Fink 2003. S. 221.

234 Luhmann, 2004. S. 36.

235 Vgl. Luhmann, 2004. S. 81.

„Unwahrheit ausgeschlossen werden kann, bevor Wahrheit behauptet wird".[236] Dies würde ja dem Code wahr/unwahr entsprechen. Für die Medien gilt, so Luhmann, dass der „mitlaufende Manipulationsverdacht" unbestimmt bleibt, „solange nicht handfeste Beweise vorliegen - und das heißt immer: durch die Medien selbst geliefert werden".[237] Laut Luhmann lässt sich über die Realität der Massenmedien in einem doppelten Sinn sprechen. Zum einen sind dies die Operationen des Systems auf Basis der Unterscheidung, zum anderen „alles was *für sie* oder *durch sie für andere als* Realität *erscheint*".[238] Siegfried J. Schmidt gibt zu bedenken, dass die Generierung einer Wirklichkeit nicht zwangsläufig als intentionaler Akt zu verstehen sei, „weshalb wir die Konstruiertheit unserer Wirklichkeit erst dann bemerken, wenn wir beobachten, wie wir beobachten, handeln und kommunizieren".[239] Es gäbe „keine systemunabhängig objektivierbare ontologische Realität, sondern so viele Wirklichkeiten, wie es Systeme gibt, die zu beobachten in der Lage sind".[240] Die Beobachtungen würden dabei „konditioniert durch Diskurse".[241] Jedes „Teilsystem operiert mit eigenen Wirklichkeitsmodellen", wie das Fernsehsystem, dass sich „*selbstreferentiell steuert und mittels autopoietischer Prozesse erneuert*".[242]

Einen anderen Zugang wählt Boris Groys. Er nähert sich der Problematik medienphänomenologisch. Allerdings ist der Medienbegriff von Groys sehr weit gefasst und wird nicht näher bestimmt, so dass unter anderem der Körper, die Schrift, das Kunstwerk und das Fernsehen gleichermaßen gemeint sein können. Auch für ihn ist der Verdacht unauflösbar mit den Medien verbunden, denn in ihrer Funktion als Zeichenträger seien sie selbst als Zeichen unsichtbar.[243] Groys unterscheidet zwischen der Oberfläche, dem Medium des Gebrauchs und dem *Wesen* des Mediums, dem Submedialen, das uns unzugänglich bleibt. „Der Betrachter sieht nur die mediale Zeichenoberfläche"[244] und vermutet dahinter den „submedialen Raum"[245] des Ver-

[236] Ebd. S. 74.
[237] Ebd. S. 82.
[238] Ebd. S. 14. Hervorhebung im Original.
[239] Schmidt, 1994. S. 5.
[240] Ebd. S. 8.
[241] Ebd. S. 13.
[242] Ebd. Hervorhebung im Original.
[243] Hier stößt man wieder auf das Dilemma der semiotischen Analysen, die indem sie den Prozess der Signgifikation, mithin den Bewegungsfluss des Films anhalten, nicht mehr den Film untersuchen. Vgl. Groys, Boris: Unter Verdacht. Eine Phänomenologie der Medien. München/Wien: Carl Hanser Verlag 2000. S. 51.
[244] Groys, 2000. S. 19 f.
[245] Ebd. S. 21.

dachts, beziehungsweise ein handelndes Subjekt, einen „heimliche[n] Manipulator“[246] hinter den Zeichen, der die Zeichenoberfläche dazu nutzt sich zu verbergen. Die technische Aufschlüsselung des Mediums könne über die ontologische Frage nach dem Wesen des Medialen nicht hinweg helfen und damit auch den Verdacht nicht ausräumen. Und so warten wir, laut Groys, „als Betrachter der medialen Oberfläche darauf, dass das Medium zur Botschaft wird, dass der Träger zum Zeichen wird“.[247] Der Einblick auf den submedialen Raum wird aber nur dann als aufrichtig empfunden, wenn er den medienontologischen Verdacht bestätigt. Wirkungsvolle authentische Botschaften des Mediums sind nach Groys daher solche der Verdachtsbestätigung bzw. der reflexiven Auseinandersetzung.[248] Die Aufrichtigkeit stehe dabei in der Kultur der Moderne nicht im Gegensatz zur Lüge, sondern „zum Automatismus und zur Routine“, denn sie hängt nicht mehr von der Referentialität ab, so Groys, sondern von dem „medialen Status der Zeichen“ und hebt auf das ab, „was sich unter diesem Zeichen verbirgt“.[249] Für ihn sind die Medien jedoch lediglich Projektionsraum eines fundamentalen anthropologischen Verdachts gegen eine verborgene Wirkmacht. Die ökonomische Logik des Verdachts verhindert dabei seine endgültige Aufhebung, er kann nur verschoben werden. Ohne Groys in seiner kruden überzeitlichen Herleitung des Verdachts als universales Kulturprinzip folgen zu wollen, lassen sich doch einige Parallelen zu den bisherigen Ausführungen feststellen. Verdacht wird erzeugt durch ein Zudecken der Gestaltung und durch die Wiederholung von Darstellungsmustern, die zur Konvention erstarrt sind. Abhilfe kann geschaffen werden durch die Einführung einer neuen Form, die scheinbar die Bedingungen der Möglichkeiten einer medialen Vermittlung zeigt und einen Blick hinter die Oberfläche offeriert.

Trotz unterschiedlicher Ausrichtung kommen die angeführten Theorien somit zum gleichen Ergebnis: die Verdachtsbestätigung ist eine immer schon (massen)medial vermittelte. Daraus folgt das Paradox, dass ganz gleich ob der Verdacht auf Ebene des Gesamtsystems oder auf Basis singulärer Erscheinungen bestätigt wird, es sich stets um eine systeminterne Korrektur handelt. „Das Gesamtsystem Massenmedien wird dabei nicht etwa gefährdet, sondern vielmehr als handlungs-

[246] Ebd. S. 49.
[247] Ebd. S. 22.
[248] Vgl. ebd. S. 23.
[249] Vgl. ebd. S. 68 f.

koordinierende und wertsetzende Instanz stabilisiert."[250] Die Enthüllung medialer Täuschungen wird hierbei nicht nur als einmaliger Glaubwürdigkeitseffekt gesehen, sondern zugleich als sekundäre Beglaubigung des gesamten Systems.[251] Unter dem Motto: „Wahr ist, was nicht der Ausnahmefall ‚Fälschung' ist“[252], würden die Aufdeckungen zur Stabilisierung der allgemeinen Medienpraxis des Fernsehens führen. Dabei bleibt jedoch unklar, was man sich unter *dem* Fernsehen vorzustellen hat. Schließlich hat sich das Sendersystem spätestens seit der Einführung des dualen Rundfunks beständig ausdifferenziert. Es ist daher wahrscheinlicher, dass sich die Kategorie des Vertrauens nicht global auf das Medium Fernsehen bezieht, sondern dass darüber hinaus Faktoren wie die verantwortliche bzw. ausstrahlende Sendeanstalt, Sendezeit und Sendeplatz u.a. einen großen Einfluss auf solche Entscheidungsprozesse ausüben, die nicht zwangsläufig immer bewusst ablaufen. Zu trennen ist somit zwischen einem prädiskursiven Glauben an die Vertrauenswürdigkeit und einer diskursiv ausgehandelten Glaubwürdigkeit, die sich auf der Ebene einzelner Kommunikationsakte ergibt. Zu fragen wäre also, wie sich Glaubwürdigkeit als fundamentale rhetorische Kategorie erzeugen lässt, wenn sie sich im medialen Vermittlungsakt selbst wiederfinden muss. Das Vertrauen gründet sich dabei auf funktionale Zusammenhänge, es ist Bedingung und Voraussetzung der Mediennutzung.

3.4 Exkurs: WAR OF THE WORLDS

Als Vorläufer von *mockumentaries* wird häufig Orson Welles' Hörspiel WAR OF THE WORLDS (1938) angeführt. Anhand dieses historischen Fallbeispiels lässt sich aufzeigen, wie wichtig eine Beachtung kontextueller Faktoren bei der Analyse ist. Als „Meilenstein in der Geschichte der Massenmedien“[253] hatte das Hörspiel scheinbar bewiesen, wie Medien durch ihr Manipulationspotential auch in demokratischen Gesellschaften noch Schaden anrichten könnten. Am Abend des 30. Oktober 1938 wurde in der wöchentlichen Reihe THE MERCURY THEATRE ON THE AIR eine

---

[250] Todorow, Almut / Grampp, Sven / Schmid-Ruhe, Bernd: *Medien unter Verdacht: Selbstreflexivität als Glaubwürdigkeitsstrategie.* In: Assmann, Aleida et. al. (Hgg.): Zwischen Literatur und Anthropologie. Diskurse, Medien, Performanzen. Tübingen: Narr 2005. S. 204.

[251] Vgl. Gerhards, 2005. S. 290.

[252] Doll, 2009. S. 296.

[253] http://www.sueddeutsche.de/kultur/980/404759/text/ 21.11.2009.

Hörspieladaption von H.G.Wells Science Fiction Roman gesendet. Orson Welles sprach darin die Rolle des Astronomen Dr. Pearson, der Augenzeuge einer Invasion vom Mars wird. Die Zuhörer hielten das Gesendete für echt und der Legende nach kam es zu einer Massenpanik. Die „anekdotischen Ausschmückungen“[254] dieser Panik haben jedoch längst selbst den Boden der Realität verlassen. Dabei hatte der gerade mal 23jährige Orson Welles zu Beginn der Sendung deutlich darauf hingewiesen, dass ihr Inhalt rein fiktional sei. Er wusste aber auch, dass ein Großteil des Publikums beim Konkurrenzsender der populären Bauchrednersendung EDGARD-BERGER-AND-CHARLIE-McCARTHY SHOW gelauscht hatte und gerade zur rechten Zeit zu CBS wechselte, um zu hören, wie ein musikalischer Abend von einer Liveschaltung nach New Jersey unterbrochen wurde, in der ein Reporter von unheimlichen Vorkommnissen berichtete. Die Zuhörer waren also „frühe Zapping-Opfer“.[255] Dabei wirkte nicht allein das Hörspiel als isolierter Text. Als weitere Einflussfaktoren wirkten unter anderem die Programmstruktur der Sender und die blockierten Leitungen in den Einsatzzentralen durch Anrufe besorgter Zuhörer - die andere besorgte Zuhörer wiederum davon überzeugten, dass Grund zur Beunruhigung bestünde. Häufig wird auch auf eine in der amerikanischen Bevölkerung kurz vor Ausbruch des Zweiten Weltkriegs herrschende Angst vor nazistischen Invasoren verwiesen.

Dem Phänomen versuchte man aus rezeptionswissenschaftlicher Perspektive beizukommen. Die klassische Kommunikationsforschung als Inhaltswirkungsforschung verknappt den komplexen Vorgang der Rezeption jedoch wesentlich und geht zudem davon aus, dass eine intendierte Wirkung sich an einem erreichten Ergebnis messen lassen könnte. Die empirische Forschung steht jedoch unweigerlich vor dem Problem, dass Medienwirkung stets „in der Black Box des Rezipientenbewußtseins [sic] stattfindet“.[256] Sowohl Feldevaluation als auch Laborexperiment haben unübersehbare Nachteile, da sie einen natürlichen Medienkonsum nur simulieren können. Zu den Mehrmethodendesigns, die Merten als Lösung anspricht, gibt es bisher kaum Ansätze.[257]

In der vorliegenden Studie geht es daher nicht darum zu klären, wie *TV-mockumentaries* auf den Rezipienten wirken, sondern vielmehr worin der Effekt einer angenommenen Wirkung gesehen wird und welche Rückschlüsse dies auf die Funk-

---

[254] Rebhandl, Bert: Orson Welles. Genie im Labyrinth. Wien: Zsolnay Verl. 2005. S. 36.

[255] Riepe, Manfred: *Mars attacks - schon wieder. "Krieg der Welten": Vom Hörspiel zum Blockbuster*. In: epd Film. Jg. 22. 7/2005.

[256] Andree, 2005. S. 26.

[257] Vgl. Merten, 1994. S. 206.

tionszuweisung an *mockumentaries* im Kommunikationszusammenhang und in Diskursen über mediale Wirkkontexte zulässt.

3.5 Dokumentarfilm im Fernsehen

Häufig wird *der* Dokumentarfilm gegen die Fernseh-Dokumentation abgegrenzt. Denn „mit der Entwicklung des Fernsehens vom Kulturgut in ein Massenkommunikationsmedium“ habe „sich auch sein Produkt, die Dokumentation, geändert“.[258] Die Bilder haben nach diesem Verständnis mithin nur noch eine rein illustrative und die jeweilige sprachliche Aussage unterstützende Funktion. Die strikte Regulierung durch die Sendeanstalten, was Format, Länge und Thematik betrifft, wird als Kastration der künstlerischen Freiheit erfahren. Der Journalismus wird daher oft zum Feind des ambitionierten Dokumentarfilms stilisiert. Der Fernsehdokumenarismus bleibt in der Kanonisierung meist als das böse Stiefkind des künstlerisch unabhängigen Dokumentarfilms außen vor. Die Gegenüberstellung von Kulturgut und Massenproduktion wird auch hier (ab)wertend vorgenommen. Das Fernsehen scheint, diesem Verständnis nach, hinsichtlich seiner Glaubwürdigkeit bzw. seines fragwürdigen *ethos* nicht geeignet zu sein, dem ambitionierten Dokumentarfilm ausreichend Freiraum zu gewähren. „Als eine Präsentationsform unter anderen, ist auch der Dokumentarfilm letztlich nur Teil des Fernsehprogramms, das mehr ist als die bloße Addition seiner einzelnen Elemente.“[259]

In den siebziger Jahren wandten Alexander Kluge und Oskar Negt die Erkenntnisse der *Frankfurter Schule* auf die Betrachtung des öffentlich-rechtlichen Rundfunksystems an.[260] Sie kritisierten die Orientierung des Programmangebots am Mittelmaß, anspruchs- und kritiklose Inhalte und eine Personalbesetzung, bei der dem richtigen Parteibuch Priorität vor der Sachkenntnis eingeräumt würde. Der engagierte Autorendokumentarfilm passe da nicht ins Konzept. Tatsächlich war aber gerade in den siebziger Jahren die Annäherung zwischen Fernsehanstalten und freien Doku-

---

[258] Grassl, Monika: Das Wesen des Dokumentarfilms. Möglichkeiten der Dramaturgie und Gestaltung. Saarbrücken: VDM 2007. S. 31.

[259] Heller, Heinz B., Zimmermann, Peter (Hgg.): Bilderwelten. Weltenbilder. Dokumentarfilm und Fernsehen. Marburg: Schüren 1990. S. 7.

[260] Vgl. Kluge, Alexander/ Negt, Oskar: Öffentlichkeit und Erfahrung. 2. Aufl. Frankfurt/Main: Suhrkamp 1973.

mentarfilmemachern so groß geworden, dass ein historischer Schulterschluss sogar wahrscheinlich wurde.[261] Roman Brodmann war nur einer von vielen hoffnungsvollen Emporkömmlingen, die ihre individuelle Handschrift gegen die restriktiven Vorgaben zu behaupten in der Lage waren. Die Einübung eines kritischen Blicks auf die Gesellschaft stand natürlich in enger Verbindung mit den politischen Ereignissen, die die 68er Studentenbewegung begleitet hatten. Doch bis auf einige wenige Reihen[262] wurde die Entwicklung bald wieder eingestellt. Für die Produktionen, die es dennoch ins Fernsehen schaffen, so scheint es, steht fortan wieder die „Entindividualisierung des Einzelstücks im Interesse der Widererkennbarkeit eines Sendeplatzes mit dem Ziel der Zuschauerbindung an Sendezeit, Sendeplatz und Sender“[263], der Durchsetzung des Autorenfilms im Fernsehen entgegen. Der anspruchsvolle Dokumentarfilm im Fernsehen ist und bleibt scheinbar „redaktionell heimatlos“.[264] Durch mangelnde Finanzierung und der folglich restriktiven Kürzung von Produktionszeiten, scheint eine sorgsame Recherchearbeit nicht mehr gewährleistet. Massive Einbußen bei der Qualität gelten häufig als Folge. Was zählt sind scheinbar keine qualitativen, sondern nur quantitative Gesichtspunkte - die Einschaltquote als Indikator des Marktwertes. Zu dem rigorosen Formatierungs- und Quotendruck kommt außerdem die Marginalisierung anspruchsvoller Dokumentarfilme hinzu; durch Verdrängung auf unattraktive Sendezeiten, vorwiegend in den Abend- und Nachtstunden oder die Auslagerung in Spartenkanäle. Dennoch will Zimmermann die Totenglocke für den Dokumentarfilm im Fernsehen nicht mitläuten, zumal auch die großen Autorenfilmer Flaherty, Grierson und Vertov sich an zum Teil restriktive Vorgaben ihrer Geldgeber zu orientieren gehabt hätten.[265] So seien auch die kanonisierten Dokumentarfilme geprägt gewesen von den Stilmoden ihrer Zeit und von den jeweiligen wirtschaftlichen und politischen Verwertungsinteressen. Obwohl das Fernsehen als Feind gehandelt werde, stünde der Dokumentarfilm ohne dessen *feindschaftliche* Hilfe als Förderer wesentlich schlechter da.

---

[261] Vgl. Zimmermann, Peter: Der Autorenfilm und die Programm-Maschine Fernsehen. In: ders. / Hoffmann, Kay (Hgg.): Dokumentarfilm im Umbruch. Kino – Fernsehen – Neue Medien. Konstanz: UVK 2006. S. 90.

[262] Zum Beispiel die Sendereihe *Zeichen der Zeit* in den fünfziger und sechziger Jahren, die untrennbar mit der innovativen Stuttgarter Dokumentarfilmschule verbunden ist und die einen kritischen und satirischen Blick auf die Wohlanständigkeit der deutschen Wirtschaftswunderjahre offerierte.

[263] Zimmermann, 2006. S. 92.

[264] Heller, Heinz-B.: Dokumentarfilm und Fernsehen. Probleme aus medienwissenschaftlicher Sicht und blinde Flecken. In: ders. /Zimmermann, 1990. S. 17.

[265] Vgl. ebd. S. 101.

Dennoch, das Misstrauen gegen das Fernsehen bleibt bestehen und wird scheinbar beständig von ihm selbst bestätigt. Die journalistische Prägung des Mediums ist und bleibt eine Quelle des Verdachts.[266] Auch wenn der Berufsethos eine Sorgsamkeitspflicht im Umgang mit der außermedialen Wirklichkeit einfordert, scheinen Zeitdruck und Marktinteressen diesen Anspruch beständig zu torpedieren.

Diese Situation hat sich durch die tiefgreifende Veränderung des Fernsehmarktes seit der Einführung des dualen Rundfunksystems verschärft, da die öffentlich-rechtlichen Sender nun Konkurrenz von privatwirtschaftlich-kommerziellen Anbietern bekamen. Diese Konkurrenzsituation wird jedoch selten eingestanden und wenn überhaupt als Abgrenzungsdiskurs geführt. Während die privaten Sender vorrangig auf oberflächliche Unterhaltungsprogramme abonniert zu sein scheinen, geben die öffentlich-rechtlichen vor, sich stärker denn je an ihrem gesellschaftspolitischen Auftrag zu orientieren. Dieser Auftrag des gebührenfinanzierten Rundfunks wird häufig auf drei Schlagworte hin zusammengefasst: bilden, informieren und unterhalten.

Auch die öffentlich-rechtlichen bzw. sogenannte Kultursender wie ARTE und 3SAT verändern in der Konkurrenzsituation ihr Profil und orientieren sich mehr oder weniger uneingestandenermaßen an den Erfolgsrezepten der Privaten. Die sogenannte Konvergenzthese sieht eine Annäherung in den Programmschemata, die sich vor allem auf dem Unterhaltungssektor verstärkt bemerkbar mache.[267] Begeben sich die nicht-privaten Sender damit zunehmend in eine Glaubwürdigkeitsfalle? Die Gretchenfrage des öffentlich-rechtlichen Rundfunks könnte daher lauten: Kann, darf oder muss öffentlich-rechtliches Fernsehen erfolgreich sein? Wenn ja, mit welchem Maßstab wird dieser Erfolg gemessen? Als gebührenfinanzierte öffentliche Leistung sollten sie eine Balance finden, zwischen dem Erreichen eines breiten Publikums und ihren Verpflichtungen über die rein kommerziellen Interessen hinaus. Das zentrale Spannungsfeld, in dem der öffentlich-rechtliche Rundfunk steht, scheint in seiner Bedeutung als meritorisches Gut und ökonomisch organisierter Betrieb begründet zu liegen.

---

[266] Die Glaubwürdigkeitsdiskurse des Zeitungsjournalismus, die bis ins 17. Jahrhundert zurückreichen, legen dabei beredetes Zeugnis davon ab, dass der Manipulationsverdacht auch den Journalismus schon von früh an begleitet. Vgl. Todorow, Almut: *Inszenierungen der Glaubwürdigkeit. Massenmediale Rhetorik zwischen Faktizitätsanspruch und Kontingenz*. In: Metzger, Stefan/Rapp, Wolfgang (Hgg.): homo inveniens. Heuristik und Anthropologie am Beispiel der Rhetorik. Tübingen: Narr 2003. S. 237 - 251.

[267] Vgl. Ludwig, 2005. S. 186.

3.6 Zusammenfassung

Schon in den frühen Debatten um das Fernsehen überwiegen Erwägungen der gesellschaftlichen Funktionen. Dabei fällt häufig der negativ konnotierte Begriff des Massenmediums, das seine Zuschauer durch autoritäre Strukturen zu passiven Rezipienten an den Empfangsgeräten degradiert. Das Gesendete ist demnach entweder ideologisch verbrämt, oder der Inhalt spielt ohnehin keine Rolle, weil die strukturelle Basis eine Nivellierung der Inhalte und die Aufkündigung erkenntnislogischer Unterscheidungen zwischen Alltagswirklichkeit und medial vermittelter Realität zur Folge haben. Von dieser Vorstellung grenzen sich Konzepte eines emanzipatorischen Medienumgangs ab, die dem Zuschauer mehr Beteiligung am Signifikationsprozess zugestehen und dem Fernsehen, wegen seiner dezentralen Struktur, die Möglichkeit zum basisdemokratischen Medium einräumen.

Ein gewisser Verdacht bleibt angesichts einer medial vermittelten Repräsentation von Realität dennoch unausweichlich. In der Alltagskommunikation lässt sich nicht jeder Sendeinhalt auf die Angemessenheit seiner Darstellung zur vorfilmischen Wirklichkeit überprüfen. Die Aufhebung der medialen Transparenz, die einen latenten Verdacht bestätigt, scheint sich dabei wirkungsvoll nur innerhalb des medialen Kommunikationszusammenhangs verwirklichen zu lassen. Nicht zuletzt spektakuläre Medienskandale, wie Orson Welles' WAR OF THE WORLDS, haben deutlich gemacht, dass der medialen Vermittlung ein Manipulationspotential inhärent ist. Der Täuschungs- und Manipulationsverdacht gegen das Dispositiv Fernsehen impliziert dabei noch, dass eine Korrektur von außen vorzunehmen wäre, die durch die konsequente Durchsetzung kulturpessimistischer Forderungen, in der Abschaffung des Mediums oder der Zensur fragwürdiger Inhalte münden müsste.

Natürlich sind gerade dokumentarische Formate im Fernsehen von dem Verdacht betroffen. Durch die duale Ausdifferenzierung des Rundfunksystems aber, treten die öffentlich-rechtlichen Fernsehsender stärker als Garanten eines am Gemeinwohl orientierten, politisch verantwortlichen und von der Gesellschaft erteilten Auftrags auf.

In seiner gesellschaftlichen Funktion als sinnstiftende und Orientierung bietende Instanz wird dem Fernsehen in der Alltagskommunikation schließlich doch Vertrauen entgegengebracht. Bestätigt wird dieses Vertrauen durch die Orientierung kommunikativen Handelns an rhetorischen Wirkprinzipien in medialen Vermittlungsprozessen. Authentizität ergibt sich dabei erst durch die gestaltete Form und wird durch die Vermittlungsinstanzen verbürgt. Die Glaubwürdigkeit muss dabei nicht zwangsweise auf einen personalisierten Redner festgelegt sein, sondern kann auch andere verbürgende Instanzen einschließen. Glaubwürdigkeit ist dabei immer relational auf den Rezipienten ausgerichtet.

Mockumentaries scheinen eine Korrektur *von innen* zu vollziehen. Sie bestätigen einen Verdacht, der die Rezeption von Medieninhalten immer schon latent begleitet. Die operationale Blindheit des Mediennutzers für die Medialität der Vermittlung wird somit scheinbar unterbrochen. Die Leistung von *mockumentaries* bestünde demnach in der partiellen Aufhebung der medialen Transparenz.

4. Exemplarische Analyse von *TV-mockumentaries* und ihrer Einbindung in das Programmschema des Kulturkanals ARTE

Der Versuch eines Typologieentwurfs von Jane Roscoe und Craig Hight zeigt, dass es problematisch werden kann, wenn eine Kategorisierung zwischen Texteigenschaften, Autorintention und Wirkung auf den Rezipienten als leitende Kriterien changiert. Dies führt dazu, dass ein Film wie FORGOTTEN SILVER, der laut Roscoe und Hight zwar nicht als Finte intendiert gewesen sei, von einigen Zuschauern aber als solche aufgefasst wurde, zwei unterschiedlichen Typen zugeordnet werden müsste. Der Versuch ein konsistentes Kategorienschema mit Mitteln der empirischen Rezeptionsforschung zu entwerfen wäre zwar denkbar, hat jedoch mit den bereits angesprochenen Problemen der Forschungsmethoden fertig zu werden. Ein Schema, das versucht die drei Bereiche Autor, Film(text) und Rezipient auf ein Kommunikationsziel hin zu erfassen scheitert an der Komplexität konkreter Rezeptionsakte.

Es empfiehlt sich daher die heuristische Perspektive auf den Film und dessen jeweilige paratextuelle Einbettung zu wählen. Ergänzt wird der Zugriff durch das Einbeziehen kontextueller Faktoren, die vor allem die institutionelle Rahmung betreffen. Die Paratexte wurden im Hinblick auf die Eingliederung in das sendertypische Programmschema ausgewählt. Die televisuellen Paratexte sind jedoch ein schwer erforschbares Gebiet, da Programmankündigungen häufig nicht in den Archiven überliefert werden. Im Folgenden werden daher auch die sendereigenen Programmankündigungen berücksichtigt, die über Fernsehprogrammzeitschrift und Internetauftritt erfolgen. Die Frage nach den Funktionen der *mockumentary*-Form stellt sich vor diesem erweiterten Hintergrund neu.

4.1 Der Kultursender ARTE

Das Hauptstandbein des europäischen Kulturkanals ARTE sind Dokumentationen; sie machen zwischen einem Fünftel und einem Viertel der Gesamtsendezeit aus. Gleichzeitig haben die Programmreformen des Senders zu einer zunehmenden Formatierung und Horizontalisierung geführt, bei der das elitäre Image des Senders aufgelockert und somit konsumentengerechter gestaltet wurde.[268] In einer Selbstbeschreibung auf der homepage des Senders heißt es, die anspruchsvollen Dokumentarfilme und Dokumentationen im Programm deckten sich mit Zuschauertypen, die eine Sendung bewusst auswählten, sie von Anfang bis Ende ansähen und dabei etwas lernen wollten, um „die Welt besser verstehen zu können".[269] Die sorgsame, fundierte Recherche, welche im Gegensatz zu den chaotischen tagesaktuellen Ereignissen Hintergründe liefere, ordne „Fakten sinnvoll in ihren Kontext ein".[270] Der Akzent liegt hier auf einer Sorgsamkeitspflicht der journalistischen Recherchearbeit, die als Qualitätsmerkmal hervorgehoben wird. Wie weiter oben gezeigt wurde, wird eine Einhaltung dieser Pflicht - wie man sie vom berufsjournalistischen *ethos* fordert - im Zusammenhang mit der knappen Zeitökonomie der Produktionsphasen des Fernsehens häufig angezweifelt. ARTE macht hier jedoch deutlich, dass sich der Sender seiner Verantwortung bewusst ist und seine Orientierungsfunktion mit viel Gewissenhaftigkeit ausübt. Eng damit verknüpft ist die Aufgabe, Fakten durch eine Zu- und Einordnung zu „sinnstiftende[n] Erzählungen"[271] zu verarbeiten.

ARTE finanziert sich über deutsche und französische Rundfunkgebühren. Die Finanzierung des Senders ist paritätisch zwischen den französischen und deutschen Mitgliedern aufgeteilt. Die Zentrale in Straßburg ARTE-G.E.I.E (Groupement Européen d'Intérêt Économique) koordiniert die Programmgestaltung und -auswahl. Der Kulturkanal hat sich als Marke etabliert, was nicht zuletzt auf die Marketingstrategien des Senders zurückführbar sein dürfte. Die offensive Eigenwerbung stellt für ARTE jedoch stets eine heikle Gradwanderung dar, denn das beanspruchte Profil und die Kommerzialisierung scheinen sich gegenseitig zu widersprechen. Allzu offensive Werbestrategien könnten daher auf den anspruchsvollen ARTE-Zuschauer abschreckend wirken. Um werbewirksame Aufmerksamkeitseffekte zu erzielen, müssten daher auch andere Wege beschritten werden, damit die Qualität des Programms publik wird.

ARTE versteht sich als Kultursender und verfügt gleichzeitig über einen sehr weit gefassten Kulturbegriff. Nicht nur die hohe Kunst steht im Mittelpunkt, sondern

[268] Vgl. Rothenberger, Liane: Von elitär zu populär? Die Programmentwicklung im deutsch-französischen Kulturkanal arte. Konstanz:UVK 2008. S. 384.
[269] http://archives.arte.tv/arteinfo/dtext/doku/d3reda.html 27.11.2009.
[270] Ebd.
[271] Grampp, Sven: *Das Nullmedium erinnert sich. Formen der Geschichtsdarstellung in TV-Jahrhundertrückblicken.* In: Crivellri, Fabio et. al. (Hgg.): Die Medien der Geschichte. Historizität und Medialität in interdisziplinärer Perspektive. Konstanz 2004. S. 387.

auch der Einfluss von politischen, wirtschaftlichen und gesellschaftlichen Faktoren auf Mentalität, kulturelles Verhalten und Ausdruck. Der Sender will dabei vor allem einer sein, „der herkömmliche Sehgewohnheiten durchbricht".[272] ARTE bietet kein Vollprogramm, denn große Sportübertragungen, Unterhaltungsshows und populäre Serien[273] finden sich nicht im Programmschema wieder. Die Zuschauerbindung stellt daher für ARTE ein Problem dar, da ein Großteil der Fernsehnutzer von dem anspruchsvollen Programm eher abgeschreckt sein könnte. Würde der Kulturkanal jedoch anderen Sendern zu ähnlich werden, würde er sein einzigartiges Profil verlieren und damit entbehrlich werden. Doch das Image als Belehrungskanal lastet auf dem Sender. „Die Zuschauer fühlen sich in eine passive Rolle gedrängt, in eine Situation, in die der Sender sie belehrt und nicht auf gleicher Augenhöhe mit ihnen kommuniziert."[274] Über diese Abschreckung der Zuschauer können auch Befragungen nicht hinwegtäuschen, bei denen ARTE sehr gut abschneidet. Hinter den Antworten könnte eine Reaktion auf bestimmte gesellschaftliche Erwartungen vermutet werden: Mehr Fernsehnutzer geben an regelmäßig dem anspruchsvollen ARTE-Programm zu folgen, als sich dies tatsächlich in Quotenzahlen niederschlägt. Der eigene Medienkonsum wird dabei wohl gerne als einer an gehobenen Maßstäben ausgerichteter dargestellt. Tatsächlich rekrutiert sich das ARTE-Publikum in Deutschland aus der oberen Bildungsschicht.[275] Die ARTE-Direktion hat sich jedoch zum Ziel gesetzt, insbesondere zwei Teilgruppen aus dieser Zuschauerschaft vermehrt anzusprechen. Zum einen die „Orientierungsbedürftigen", die von den privaten Fernsehprogrammen wegen deren grellen, skrupellosen Sensationsjournalismus abgeschreckt sind und zum anderen die „jüngeren Zuschauer", die „ständig überrascht, ruhig auch einmal provoziert werden"[276] wollen. Das Publikum soll herausgefordert werden, aber nicht indem es seine ungeteilte Aufmerksamkeit in den Dienst einer trockenen Wissensaufnahme stellt. Es ist ARTE daher daran gelegen zu irritieren,[277] um auf diese Weise Aufmerksamkeit zu erhalten, die über Marketingstrategien und durch das elitäre Profil nicht

272 Rothenberger, 2008. S. 74.
273 Die britische Kultserie *Mit Schirm, Charme und Melone* aus den scheziger Jahren, stellt in jüngster Zeit eine Ausnahme dar. Allerdings passt sich die Serie in das anspruchsvolle Profil des Senders ein, da sie gerade nicht die aktuellen Entwicklungen auf dem Serienmarkt nachvollzieht, sondern sich durch die betonte Nostalgie von der heutigen Entwicklung abhebt.
274 Rothenberger, 2008. S. 78.
275 Vgl. ebd. S. 85 f.
276 Ebd. S. 85 ff.
277 Vgl. ebd. S. 79.

akquiriert werden kann. Der ARTE Slogan „So hab' ich das noch nie gesehen", soll dementsprechend Neugier wecken.

4.2 Der mediale Kontext: Das Fernsehen als Programmmedium

Mehr noch als die Kenntnis des Senderprofils, kann jedoch das Wissen um das Programmschema einen Kontext für die Rezeption liefern. Gleichzeitig definiert sich ein Sender über die Programmplanung und erzeugt so beim Zuschauer Erwartungshaltungen. Dabei übernehmen televisuelle Programmverbindungen die „Funktionen eines Transfers eines Senderimages, der Werbung für das Produkt Programm ebenso wie Orientierungsfunktion innerhalb der Programmstruktur und der Steuerung der Zuschauerwahrnehmung".[278] Doch auch über Internetwerbung und Ankündigung in Programmzeitschriften werden diese Funktionen erfüllt. Dem Zuschauer wird dabei auch eine Art Gebrauchsanweisung für die jeweilige Sendung geliefert. Diese Programmankündigungen sollen im Folgenden als Paratexte des Fernsehens genauer untersucht werden.

Der Literaturwissenschaftler Gérard Genette war einer der ersten, der sich ausführlich mit dem Begriff des Paratextes und dessen Funktion auseinandergesetzt hat. Das Paratextmodell von Genette ist eingegliedert in seine übergeordnete Konzeption einer Transtextualität literarischer Werke. Der Begriff der Transtextualität umfasst in diesem Verständnis alles, was einen Text in die „manifeste oder geheime Beziehung zu anderen Texten bringt".[279] In PALIMPSESTE (1981) hatte sich Genette noch sehr vage über die Funktion des Paratextes geäußert. In SEUILS (franz.: Schwellen; 1987) untersucht er schließlich die räumlichen, zeitlichen, stofflichen, pragmatischen und funktionalen Eigenschaften von Paratexten.

Der Paratext gliedert sich in Peri- und Epitexte. Peritexte sind stets materiell an den Text, auf den sie verweisen, gebunden (Autorname, Titel, Vorwort, u.a.), unterscheiden sich jedoch nach räumlicher und zeitlicher Situierung. Epitexte hingegen

---

[278] Bleicher, Joan Kristin: *Programmverbindungen als Paratexte des Fernsehens*. In: Kreimeier/Stanitzek, 2004. S. 246.
[279] Genette, Gerard: Palimpseste. Frankfurt/Main: Suhrkamp 2004. S. 10

zirkulieren gewissermaßen im freien Raum[280] und sind daher ungebundener (z.B. Interviews), auch was ihre Materialität betrifft. Ein Sonderfall der stofflichen Charakterisierung bildet der sogenannte faktische Paratext, der nicht aus einer ausdrücklichen Mitteilung besteht, „sondern aus einem Faktum, dessen bloße Existenz, wenn diese der Öffentlichkeit bekannt ist, dem Text irgendeinen Kommentar hinzufügt oder auf seiner Rezeption lastet.“[281] Im Extremfall kann die Bedeutung des Textes durch diesen Kontext in der Rezeption modifiziert werden. Er sei sich, so Genette, zwar im Klaren, dass die Grenzen des faktischen Paratextes kaum noch zu bestimmen seien, er wolle aber „zumindest prinzipiell festhalten, daß [sic] jeder Kontext als Paratext wirkt“.[282] Es wäre jedoch naheliegend, bei einer anwendungsbezogenen Konzeptualisierung des Begriffs, die paratextuelle Wirkung eines Kontextes als gegeben anzusehen, wenn er tatsächlich in rezeptionspragmatischer Hinsicht zur Sinnkonstitution herangezogen würde.

Auf das Fernsehen übertragen, lassen sich die televisuellen Programmankündigungen, sowie Vor- und Abspann, als Peritexte des Fernsehens umschreiben. Die Ankündigungen über Programmzeitschrift, Internet und somit aller, medial separierter Elemente, können als Epitexte bezeichnet werden. Die Trennung zwischen Peri- und Epitext meint jedoch keine Unterscheidung zwischen vom Sender autorisiertem und nicht-autorisiertem Paratext.

Genette bestimmt den Begriff Paratext als ein Ensemble verschiedener Elemente, die den Text „umgeben und verlängern [...], um ihn im üblichen, aber auch im vollsten Sinne des Wortes zu *präsentieren: ihn präsent* zu machen, und damit seine »Rezeption« und seinen Konsum“ zu ermöglichen.[283] Die ambivalente Bedeutung der Vorsilbe *para-* schwingt stets mit. Genette beruft sich auf Joseph Hillis Miller, der „etwas *Para*-artiges“ als etwas „auf beiden Seiten der Grenze zwischen innen und außen“ beschreibt, als „Schirm, der als durchlässige Membran zwischen innen und außen fungiert“ und damit „das Äußere eindringen und das Innere hinaus“ lässt sowie

[280] Genette, Gérard: Paratexte. Das Buch vom Beiwerk des Buches. Frankfurt/New York; Campus 1992. S. 328.

[281] Genette, 1992. S. 14.

[282] Genettes deskriptiver Ansatz gerät in diesem einen Punkt scheinbar in die Nähe eines universalen Intertextualitätsverständnis, demzufolge nicht nur jeder Text, sondern auch Geschichte und Gesellschaft im Sinne einer Textualität aufgefasst werden. Allerdings machen Genettes Ausführungen auch deutlich, dass die Operationalisierbarkeit an erster Stelle stehen müsse. Eine Ausweitung, die alles um den Text herum als Paratext verstünde, wäre somit nicht in seinem Sinne. Genette, 1992. S. 15.

[283] Genette, 1992. S. 9. Hervorhebung im Original.

ein Verschmelzen ermöglicht. Genette selbst definiert den Paratext weniger als „eine Zone des Übergangs, sondern der *Transaktion*“, nämlich als

> „geeigneten Schauplatz für eine Pragmatik und eine Strategie, ein Einwirken auf die Öffentlichkeit im gut oder schlecht verstandenen oder geleisteten Dienst einer besseren Rezeption des Textes und einer relevanteren Lektüre – relevanter, versteht sich, in den Augen des Autors und seiner Verbündeten.“[284]

Der Paratext entspricht dabei „definitionsgemäß der Absicht des Autors“.[285] Hinter Genettes Vorgehen verbirgt sich jedoch ein „hermeneutischer Traditionalismus“, der sowohl Text als auch Paratext „als eine Domäne der Autorintention“ begreift und dabei kaum Zugeständnisse an die „Partizipation anderer Sinnproduzenten“ macht.[286]

Versucht man das Modell auf das Fernsehen zu übertragen, lässt sich die Festschreibung *eines* emphatischen Autorsubjekts ohnehin nicht aufrechterhalten. Beim Fernsehen „steht der präsupponierten Souveränität des Autors [...] die institutionell gebundene, hochgradig arbeitsteilige und gleichermaßen industriell wie kollektiv organisierte Produktionsweise des Fernsehens entgegen“.[287] Die Paratexte des Fernsehens stehen eher im Dienst des Programmschemas, als dass sie der Intention eines Autorsubjekts folgen würden.

Paech definiert Programme im Wortsinn als zeitliche „Voraus/Schrift“ sowie als „Vor/Schrift“, die Ereignisse in einer bindenden Struktur organisiert. Programme „kündigen an und machen der Zukunft Vorschriften, indem sie Zukünftiges in der Gegenwart strukturieren und planend vorwegnehmen“.[288] Sie bilden eine zeitliche Strukturierung inhaltlicher Angebote. Programme sind „antizipierte Ereignisse im Medium ihrer Struktur“.[289]

---

[284] Ebd. S. 10.
[285] Ebd. S. 11.
[286] Vgl. Nitsche, 2002. S. 61.
[287] Parr, Rolf/Thiele, Matthias: *Eine „vielgestaltige Menge von Praktiken und Diskursen“. Zur Interdiskursivität und Televisualität von Paratexten des Fernsehens.* In: Kreimeier/Stanitzek, 2004. S. 261.
[288] Paech, Joachim: Das ‚Programm der Moderne’ und dessen postmoderne Auflösungen: Vom Werk zum Text zu Multimedia. In: ders. et al. (Hgg.): Strukturwandel medialer Programme: Vom Fernsehen zu Multimedia. Konstanz: UVK Medien 1999. S. 16.
[289] Ebd. S. 15.

Dabei geht der Programmbegriff über die „Ankündigung von Darbietungen und Veranstaltungen", die sich noch im 19. Jahrhundert mit ihm verbanden, hinaus und meint auch „das Veranstaltete, also hier das Gesendete, selbst".[290]

Programmangebote setzen sich zusammen aus den Formen und Inhalten einzelner Sendungen und den übergreifenden Programmverbindungen. Letztere bilden Rahmen, die paratextuelle Funktionen übernehmen. Man nennt sie daher auch Programmscharniere. Der Wechsel zwischen fiktionalen und nicht-fiktionalen Sendeinhalten wird über Vorschauen und Ansagen reguliert. Das Programm ist „zentraler Orientierungsfaktor für die Mediennutzer"[291] und bildet damit die Grundlage der Medienwirkung in kollektiver und individueller Hinsicht. Die Paratexte müssen dabei zwar nicht mehr von einem Autorsubjekt autorisiert sein, ihre Funktionen verhalten sich in dieser Hinsicht jedoch äquifunktional zu denen eines Autors. Dieser Wirkzusammenhang ist allerdings wesentlich komplexer als er sich zunächst darstellt, da schon der Wechsel des Senders per Zapping eine Auflösung der Programmstruktur der einzelnen Anbieter zur Folge hat. Das Programm als Kopplung eines Ereignisses an die Struktur, die ihm einen festen Platz in der Programmordnung zugewiesen hat, wäre somit aufgebrochen. Der Zuschauer, „weit davon entfernt, sich manipulieren (erziehen, informieren, bilden, aufklären, mahnen) zu lassen, manipuliert [...] das Medium, um seine Wünsche durchzusetzen".[292] Zu diesem Urteil kommt der einstmals so optimistische Enzensberger, als er konstatiert, dass der Zuschauer mit der Fernbedienung ein ideales Instrument zur Kommunikationsverweigerung erhalten habe. Das Kommunikationsangebot, vermittelt durch das Programm, werde nicht mehr wahrgenommen, da Zapping die Tendenz des Mediums zu Kurzweil und Diskontinuität endgültig durchsetze und damit der Kommunikation die Basis entziehe. Enzensbergers Ausführungen zum „Nullmedium" entlarven dabei allerdings weniger eine unzulängliche Medienpraxis, als vielmehr die eigene starre Vorstellung von einer adäquaten Fernsehnutzung.

Trotz der (Zer-)Störung der Programmstruktur durch Zapping bleibt die Ankündigung der Programmangebote als eine Orientierungshilfe für die Zuschauer

[290] Hickethier, Knut: Dispositiv Fernsehen, Programm, Programmstrukturen in der Bundesrepublik Deutschland. In: ders. (Hg.): Geschichte des Fernsehens in der Bundesrepublik Deutschland. Bd. 1. Institution, Technik und Programm. Rahmenaspekte der Programmgeschichte des Fernsehens. München: Wilhelm Fink 1993. S. 174.

[291] Bleicher, Joan Kristin: Art. *„Programmgeschichte."* In: Schanze, Helmut (Hg.): Metzler Lexikon Medienwissenschaft und Medientheorie. Stuttgart/Weimar: J.B. Metzler 2002. S. 296.

[292] Enzensberger, Hans Magnus: Das Nullmedium oder warum alle Klagen über das Fernsehen gegenstandslos sind. In: ders.: Mittelmaß und Wahn. Frankfurt/Main: Suhrkamp 1988. S. 100.

und als eine medieninterne Möglichkeit zur Strukturierung stets erhalten. Die Erwartungshaltung richtet sich dabei sehr stark an dieser Übersichtsfunktion aus. Die „zyklische Wiederkehr zeitlich gleicher Platzierungen für gleiche Programmformen" verleiht dem Programm eine „serielle Struktur [...], die als Angebot ständig in die Zukunft verweist".[293]

Programmschemata, d.h. „die Zeit-Gliederung" und „Festlegung von bestimmten Anordnungsprinzipien" lassen erkennen, welches Bild sich die Produzenten von den Rezipienten machen.[294] Je nachdem, welche Zuschauergruppen sich zu bestimmten Tageszeiten vor den Fernsehapparaten konzentrieren, wird das Angebot entsprechend konzipiert. Außerdem werden die zeitgleich ablaufenden Sendungen der Konkurrenzsender berücksichtigt. Abweichungen vom Programmschema zeigen sich in der Programmstruktur: bei außergewöhnlichen Sport- oder Politikereignissen kann der übliche Sendeablauf verändert werden.

Eine fiktive Eilmeldung über die einseitige Unabhängigkeitserklärung der flämischen Landesteile hatte im Dezember 2006 bei belgischen Fernsehzuschauern für Irritationen gesorgt. Ausgestrahlt wurde sie zur besten Sendezeit, um 20:15 Uhr, vom französischsprachigen Sender LA UNE, der zu der öffentlich-rechtlichen Fernsehanstalt RTBF (Radio-télévision belge de la Communauté française) gehört. Allein die Verortung in der Programmstruktur wirkte dabei als ein Kontext, dem paratextuelle Funktionen zukamen. Gesendet wurden Bilder, die angeblich die ersten Reaktionen auf die flämische Unabhängigkeitserklärung zeigten: der Freudentaumel tausender begeisterter Flamen, Verwirrung an den plötzlich entstandenen neuen Landesgrenzen und Politiker, die sich scheinbar zu den Vorfällen äußerten.

Einer Umfrage der Sendeanstalt zufolge glaubten zunächst 89 Prozent der Zuschauer die Nachricht, obwohl in Einblendungen wiederholt auf den fiktionalen Charakter des Dargestellten hingewiesen wurde.[295] Sogar ausländische Botschafter hätten die sensationelle Neuigkeit in ihre Länder übermittelt. Die vorherrschenden Spannungen zwischen den flämischen und wallonischen Landesteilen, die durch die Aktivitäten flämischer Nationalisten angeheizt worden waren, ließen das Szenario glaubwürdig erscheinen. Die Produzenten der Sendung wollten nach eigenen Aussagen auf die Gefahren für den Zusammenhalt Belgiens hinweisen. Ihr Diskussionsan-

[293] Bleicher, Joan Kristin: Art. „*Programmstruktur.*" In: Schanze, 2002. S. 300.
[294] Hickethier, 1993. S. 175.
[295] Vgl.: http://www.zeit.de/news/artikel/2006/12/14/84564.xml. 30.11.2009.

gebot wurde jedoch schlecht aufgenommen. Belgische Politiker verurteilten die Medienfiktion, auch in der Presse gab es viele kritische Stimmen:

> „noch nie haben Journalisten so ausgiebig über Journalisten gesprochen. Das Vorgaukeln falscher Tatsachen habe der Glaubwürdigkeit des Berufsstands geschadet, teilte der belgische Journalistenverband mit."[296]

Immerhin haben die Reaktionen bewiesen, dass mehr als sechzig Jahre nach WAR OF THE WORLDS das Wissen der Zuschauer über die Programmstruktur und ihre damit verknüpfte Erwartungshaltung noch immer genutzt werden kann, um ein skandalöses Medienereignis zu erzeugen.[297] Es bleibt jedoch fraglich, warum ausgerechnet eine sich selbst als Täuschung denunzierende, fiktionale Live-Sendung das Ansehen der Journalisten so empfindlich schädigen könnte. Es wäre anzunehmen, das gefälschte Artefakte, wie die unechten Hitlertagebücher, die 1983 im STERN erschienen und vor ihrer Entlarvung als sensationelle historische Entdeckung angepriesen wurden, der Berufsgruppe wesentlich mehr schadeten. Allerdings darf dabei nicht übersehen werden, dass die Art und Weise wie von Journalisten über ihre Kollegen berichtet wird, selbstverständlich stets eine implizite Reflexion der eigenen Praxis beinhaltet. Der Berufsethos wird dabei apologetisch gegen die skandalösen Ausnahmefälle verteidigt, von denen man sich auf das Schärfste distanziert.

4.2.1 Die paratextuelle Markierung von CITIZEN CAM (Jérôme Scemla, 1999)

In dem isländischen *mockumentary* wird im Stil einer Fernsehreportage von einem umstrittenen Sender namens HUMANI TV berichtet, der die Aufnahmen von 200 Überwachungskameras in der Hauptstadt Reykjavík live im öffentlichen Fernsehen sende.

Wohl der prominenteste Zuschauer, der CITIZEN CAM für eine echte Dokumentation hielt, war der damalige österreichische Innenminister Ernst Strasser. Gegen

---

[296] http://www.handelsblatt.com/meinung/kolumne-das-politische-feature/fernsehfiktion-mit-fatalerwirkung;1188202. 30.11.2009.

[297] Hickethier verweist auf die Verwandtschaft mit dem Radio als Programmmedium, das demnach eine Vorbildfunktion für das Fernsehen besessen habe. Eine andere Nutzung sei durchaus denkbar gewesen, etwa „im Sinne eines erweiterten Fernsehrohrs oder Bildtelefons". Medien gehen demnach nicht einfach in ihren technischen Möglichkeiten auf. Vgl. Hickethier, 1993. S.171.

Ende einer Pressekonferenz zu Fragen der nationalen Sicherheitspolitik, äußerte er sich über die Kultur der Überwachung in Island.

> „Er habe gehört, dass in der dortigen Hauptstadt Reykjavík 400 Kameras installiert seien. Der Polizeichef habe durchgesetzt, dass die Bilder live auf einem TV-Kanal zu betrachten seien, der mittlerweile zum Populärsten in Island geworden ist. Auf Nachfrage des STANDARD, woher er diese Information habe, erklärte Strassers Pressesprecherin, der Minister habe eine Doku auf ARTE gesehen."[298]

Tatsächlich sind in der isländischen Hauptstadt weniger als 20 Überwachungskameras installiert und einen Sender namens HUMANI TV gibt es auch nicht. Dennoch wird die Existenz des Überwachungsfernsehens in Island von dem Film glaubwürdig behauptet, auch durch die Unterstützung der paratextuellen Rahmung.

Der Titel CITIZEN CAM lässt dabei zunächst keine Rückschlüsse auf den konkreten Inhalt zu. Der Erstsendetermin des Kurzfilms war am 04. Oktober 2001 im Rahmen des Themenabends DIE ZUKUNFT SIND WIR - JUNG SEIN IN EUROPA. Schwerpunktmäßig ging es um die isländische Hauptstadt Reykjavík, ihre jungen Künstler und um den bekannten Popstar Björk. Themenabende gehören zum Markenzeichen von ARTE. Sie wurden an drei festgelegten Wochentagen - dienstags, donnerstags und sonntags - ausgestrahlt. Im Jahr 2004 verschob sich ein Sendeplatz von Donnerstag auf Freitag. Kennzeichnend ist die Zusammensetzung aus unterschiedlichen Formaten. Die quantitative Analyse der Zusammensetzung der Themenabende von Rothenberger hat ergeben, dass seit der Einführung im Jahr 1992 der Anteil an Dokumentationen und Reportage-Formen stetig im Verhältnis zu Spielfilmen angestiegen ist.[299] Wird ein Film im Rahmen eines Themenabends ausgestrahlt, ist es somit sehr wahrscheinlich, dass er dokumentarisch ist. Im Fall von CITIZEN CAM hätte man jedoch aufgrund der Thematik vermuten können, dass der Film eher im Rahmen eines Themenabends erscheint, der sich mit der Beschneidung von Bürgerrechten oder gar der Überwachung des zivilen Alltagslebens auseinandersetzt. Dann hätte der Film jedoch dienstags ausgestrahlt werden müssen, denn an diesem Tag der Woche beschäftigen sich die Themenabende schwerpunktmäßig mit gesellschaftspolitischen Fragen. Der Donnerstag bzw. Freitag ist hingegen immer Themen aus

[298] http://derstandard.at/1604267. 07.12.2009.
[299] vgl. Rothenberger, 2008. S. 310.

Kunst und Kultur vorbehalten.[300] Die Einordnung des Films in den Gesamtkontext des Themenabends könnte jedoch angesichts der Tatsache, dass im Filmverlauf eine Gruppe junger Schauspieler vorgestellt wird, die den Sender HUMANI TV nutzen wollen, um ein breites Publikum von ihren performativen Fähigkeiten zu überzeugen, als gerechtfertigt erscheinen.

2005 wurde der Film ein zweites Mal im Rahmen eines Themenabends ausgestrahlt, diesmal mit dem Motto FALSCH, FÄLSCHER, FÄLSCHUNGEN. CITIZEN CAM wurde flankiert von dem als komödiantische Dokumentation angekündigten Film GEFÄLSCHTE BILDER TAUSENDFACH (Sólveig Anspach, 2005), der sich mit Kunstfälschungen in Island auseinandersetzt und dem als Dokumentation bezeichneten Film VERBOTENE AUFNAHMEN (Jean-Teddy Filippe, 1993), der acht Kurzfilme zusammenfasst, die allesamt um mysteriöse Ereignisse kreisen. Diese Filmzusammenstellung wurde in der ARTE-Zeitschrift als eine angekündigt, welche die Grenze zwischen Wirklichkeit und Unwirklichem verwische.

Da der Sendetermin auf den „Kultur-Freitag" fiel und der gesamte Themenabend im Zeichen der Fälschungen stand, wurde auch CITIZEN CAM entsprechend gerahmt. Deklariert wurde er allerdings in der ARTE-Programmzeitschrift als Reportage und auch in dem Ankündigungstext wird die Fiktion nicht entlarvt. Im Gegenteil, es wird sogar ausdrücklich darauf verwiesen, dass sich bereits zahlreiche Initiativen gegen HUMANI TV gebildet hätten.[301] Unmittelbar vor seiner Ausstrahlung wurde der Film in einer Vorschau als dokumentarischer Film angekündigt:

> „Verdächtigungen sind an der Tagesordnung. Falsche Nachrichten mischen sich unter wahre. Überall lauern Kameras. Wenn das Fernsehen nun Bilder von Überwachungskameras übertragen würde und jeder dem anderen auf die Finger kucken könnte? – In Island ist dieser Alptraum Realität. Citizen Cam is watching you."

Der übergeordnete Programmkontext lässt somit zwar auf den fiktionalen Statuts schließen, die unmittelbare Programmankündigung, also der Pertitext, und der isoliert betrachtete Hinweis in der Programmzeitschrift als Epitext, beinhalten jedoch ausdrücklich keine dahingehende Lektüreanweisung. Die Themenabende liefern einen Kontext, der potentiell auch als Paratext wirken könnte.

---

[300] vgl. Interview mit Hans Robert Eisenhauer. http://www.arte.tv/de/thenenabend/883844.html. 07.12.2009.

[301] Vgl. Arte. Das Magazin. Heft 8. 2005. S.27.

Erst der Peritext des Abspanns erteilt bei CITIZEN CAM Aufklärung über die Fiktion. Neben der Aufführung der beteiligten Schauspieler, wird das Motto „La théorie transforme la réalité“ (Philip K. Dick) eingeblendet. Kurz darauf erscheint der Text „Tout ce que vous avez vu est faux. Sauf ça.“ Es werden nochmals zwei Echelon-Radome gezeigt, die im Film bereits vorgekommen sind. Dies scheint ein augenzwinkernder Hinweis darauf zu sein, dass die Überwachung zur Alltäglichkeit gehört, aber im Gegensatz zu dem vom Film entworfenen Szenario im Verborgenen stattfindet und der öffentlichen Kontrolle enthoben ist. Die Radarkuppeln, die die Ausrichtung der Antennen verbergen, stehen symbolisch für undurchschaubare und daher verdachtserregende Methoden der Überwachung.

4.2.2 Die paratextuelle Markierung von KUBRICK, NIXON UND DER MANN IM MOND (William Karel, 2002)[302]

Ein Jahr darauf, ebenfalls im Oktober, hatte KUBRICK, NIXON UND DER MANN IM MOND seinen Erstsendetermin an einem Mittwochabend und damit auf einem Sendeplatz, der im Programmschema von ARTE üblicherweise dokumentarischen Formaten vorbehalten ist. In der ARTE Programmplanung ist der Sendeplatz mit »Geschichte am Mittwoch« überschrieben.

Der deutsche und der französische Titel unterscheiden sich stark durch die Konnotationen, die sich mit ihnen verbinden lassen. Der Titel KUBRICK, NIXON UND DER MANN IM MOND lässt vermuten, dass es in der Dokumentation um den berühmten Filmautoren Stanley Kubrick (1928 – 1999) sowie den amerikanischen Präsidenten Richard Nixon (1913 – 1994) geht und sich die Verbindung zwischen beiden auf einer unerwarteten Ebene (Mann im Mond) findet, die eher einen humoristischen Film erwarten lässt und somit bereits in nuce einen versteckten Hinweis auf den unseriösen Charakter der Darstellung enthält. Der französische Originaltitel OPERATION LUNE ist eher allgemein gehalten und lässt zunächst keine vergleichbare Vorausdeutung auf den Inhalt des Films zu.

In der senderinternen Programmankündigung durch das ARTE-Magazin wird der Film als Dokumentarfilm angekündigt. Es wird jedoch darauf verwiesen, dass es

[302] Es wird im Folgenden durchgängig der deutsche Titel verwendet, da die Analyse ausgehend von den deutschen Synchronfassungen des bilingualen Senders vorgenommen wurde.

sich um „ein dokumentarisches Verwechselspiel aus Fakten, Fiktionen und Hypothesen rund um die Mondlandung am 20. Juni 1969“[303] handelt. Im Gegensatz zu CITIZEN CAM wird hier nicht versucht in der Ankündigung die Illusion eines rein faktenorientierten dokumentarischen Films aufrechtzuerhalten. Im Gegenteil, das Publikum soll neugierig gemacht werden und wird schon im Voraus eingeladen, sich auf das Verwirrspiel einzulassen:

> „Der Regisseur will den Zuschauer informieren und unterhalten, ihn aber auch wachrütteln und ihm bewusst machen, dass Film und Fernsehen ihm übel mitspielen können – ob nun beabsichtigt oder nicht. Jedenfalls ist alles verwirrend, der Zuschauer fängt tatsächlich an zu zweifeln. Doch am Ende des Films löst sich das Rätsel.“[304]

Dabei wird in der Zeitschrift auch auf die ausgeklügelte Manipulation von Bildern hingewiesen, denn Karel habe alle Register der Film- und Fernsehtechnik gezogen, die ein solches Vorgehen vermehrt erlaube. Dem Zuschauer wird also ein Anschauungsunterricht im Fälschen angeboten. Dass der Film - im Gegensatz zu CITIZEN CAM - offensiver als *mockumentary* beworben wurde, mag mit der Hoffnung auf höhere Einschaltquoten verbunden gewesen sein. Wird ein Film schon vor seiner Ausstrahlung als innovativ angepriesen, so könnte ihm mehr Aufmerksamkeit zuteil- werden, als durch eine erst nach der Rezeption zurückbleibende Irritation. Hinzu kommt, dass KUBRICK, NIXON UND DER MANN IM MOND im Vergleich zu CITIZEN CAM die doppelte Ausstrahlungsdauer aufweist und als singuläres Filmereignis nicht in einem übergeordneten Themenabend erschien.

Schon ab etwas mehr als drei Minuten nach Sendebeginn wurde in einer durchlaufenden Mitteilung am oberen Bildrand auf ein Gewinnspiel des Kanals im Internet verwiesen, bei dem es darum gehe, *Fiktion und Realität voneinander zu unterscheiden.* Ob nun der Inhalt des Films damit gemeint war oder das historische Faktum der Mondlandung, wurde dabei offen gehalten. Als Hauptgewinn wurde den Zuschauern ein Mondgesteinsbrocken versprochen. Das Spiel auf der homepage des Senders wurde somit zu einem Epitext funktionalisiert. Gleichzeitig lenkte der Kulturkanal damit Aufmerksamkeit auf seinen Internetauftritt. Sicherlich spekulierte die Redaktion dabei zusätzlich darauf, dass der neugierige Zuschauer auf andere attraktive Programmangebote aufmerksam wird, die auf der Seite angekündigt werden. Das

---

[303] Arte. Das Magazin. Heft 10. 2002. S. 17.
[304] Ebd.

Spiel indes bestand aus einer Reihe von Fragen, die den Spieler durch einen Hindernisparcours zwischen Fiktion und Fakt schickten. Dabei mussten zum Beispiel den Protagonisten des Films die richtigen Namen zugeordnet werden, um so spielerisch zu ergründen, welche von ihnen von Schauspielern gemimt wurden.

Die Einblendung, die auf das Gewinnspiel im Internet verweist, erscheint dann zu Beginn des Abspanns ein zweites Mal. Während des Abspanns werden Outtakes präsentiert. Entweder beherrschen die Schauspieler den Text der gestellten Interviewsequenzen nicht oder die echten Interviewpartner geraten aus der Fassung, weil sie selbst den Faden verlieren bzw. über die seriösen Beweggründe des Fernsehteams allmählich ins Zweifeln geraten. Zudem werden im Abspann die Interviewten einzeln aufgeführt und in Schauspieler und in Personen unterteilt, die sich selbst spielen („dans leur propre rôle"). Außerdem wird die Herkunft des Klammermaterials, das aus anderen Filmen stammt, benannt.

Ein weiteres Mal ausgestrahlt wurde der Film von ARTE zum 01. April 2004 und damit zu einem Termin, der auch vom Fernsehen gerne mit Aprilscherzen bedient wird. Hier zeigt sich ein Kontext als Sinnklammer, der - abgesehen von der paratextuellen Verankerung - einen zusätzlichen Deutungshorizont eröffnet.[305]

[305] Der Film wurde daraufhin noch von einer Reihe weiterer öffentlich-rechtlicher Fernsehsender ausgestrahlt, im Rahmen des 40jährigen Jubiläums der Mondlandung vom BR und anschließend zeitgleich vom NDR, RBB und HR.

4.3 KUBRICK, NIXON UND DER MANN IM MOND

In den Programmankündigungen von ARTE wurde darauf hingewiesen, dass man mit KUBRICK, NIXON UND DER MANN IM MOND keinen rein faktenorientierten Dokumentarfilm geboten bekommt. Zusätzlich wurde auf das Gewinnspiel verwiesen, bevor der Abspann schließlich die Fiktion aufdeckte. Wie wird die Unterscheidung zwischen Fakt und Fiktion nun aber vom Film selbst ausgehandelt?

4.3.1 Das Interview als Quelle mit Beglaubigungsfunktion

Im Journalismus wird das Interview „als Stilform geschätzt, [...] die sich durch Authentizität und Lebendigkeit auszeichnet".[306] Es ist darüber hinaus „ein zentrales Mittel der Materialbeschaffung".[307] Weischenberg verweist auf die Verwandtschaft der journalistischen Form mit dem Interview als wissenschaftlicher Methode. Die wirksame Authentizitätsfunktion des Interviews beruht darauf, dass das Gespräch als Informationsquelle in der Darstellung transparent gemacht wird.[308] Statt durch Off-Sprecher oder Reporter vermittelt und in indirekter Rede wiedergegeben, stammen die Informationen aus erster Hand bzw. direkt aus dem Mund der Informanten. Das audio-visuell aufgezeichnete Interview hat scheinbar gegenüber der verschriftlichten und gedruckt publizierten Form einen gewissen Glaubwürdigkeitsvorsprung, denn im Gegensatz zu einer transkribierten Antwort bleiben mimische und gestische Reaktionen in ihrer Lebendigkeit erhalten und liefern gleichsam einen Subtext. Das Film-Interview scheint somit reicher an Informationen zu sein, welche die Äußerungen zusätzlich ergänzen und entweder nicht zu verschriftlichen sind oder als nebensächlich gelten.

Selbstverständlich spielt es auch eine Rolle, wer interviewt wird. In KUBRICK, NIXON UND DER MANN IM MOND kommen hochrangige Politiker zu Wort, die als Autoritäten in der Gesellschaft über eine gewisse Seriosität und Glaubwürdigkeit verfügen. Auch wenn die öffentliche Meinung gegenüber wahrheitsgemäßen Aussagen von Politikern durch Lügen-Affären negativ beeinflusst sein

306 Hattendorf, 1999. S. 150.

307 Weischenberg, Siegfried: Art. *„Interview."* In: ders. / Kleinsteuber, Hans J. / Pörksen, Bernhard (Hg.): Handbuch Journalismus und Medien. Konstanz: UVK 2005. S. 119.

308 Vgl. Ruchatz, Jens: *Hinter Mythen und Fassaden blicken. Authentizität als Versprechen des Interviews.* In: Kultur und Gespenster. Heft 3. Winter 2007. S. 130 - 149.

könnte, gehört Aufrichtigkeit weiterhin - mehr noch als bei Journalisten - selbstverständlich zum Berufethos von Volksvertretern, wodurch wiederum Vorstellungen und Erwartungen geprägt werden. Rhetoriktheoretisch kann dieser *ethos* dazu beitragen, die Glaubwürdigkeit von Personen zu steigern.

Auch das Interview ist dabei eine Form, die nicht frei von Fälschungsskandalen geblieben ist. Der Hollywood-Korrespondent der SÜDDEUTSCHEN ZEITUNG Tom Kummer empörte im Jahr 2002 die Öffentlichkeit mit seinem Bekenntnis, mehrere Interviews mit Prominenten wie Sharon Stone gefälscht zu haben. Dabei setzte er teilweise vorhandenes Material neu zusammen und erfand einen erheblichen Teil dazu. Durch die Skandalisierung dieses Falles und nicht zuletzt wegen der medialen Berichterstattung, die sich ja zugleich immer selbst von solchen Praxen distanziert, wurde Kummer als Medienfälscher kriminalisiert und sein Vorgehen als eine grobe Abweichung von der gängigen Norm und dem moralischen Anspruch in journalistischen Fachkreisen gewertet. Das Interview kann somit als eine journalistische Praxis angesehen werden, deren Authentizitätswert als unbedingt schützenswertes Gut die Glaubwürdigkeit des Berufsstandes garantiert. Dies zeigt die moralische Entrüstung im Zusammenhang mit solchen Manipulationsfällen.

Karel nutzt ein Verfahren, das Hattendorf als „Interview-Collage" bezeichnet.[309] Die Antworten der Interviewten werden so geschnitten, dass die Fragen wegfallen und nur noch indirekt erschließbar sind. Auch suggestive Eingriffe des Fragestellers sind nicht mehr nachvollziehbar. Das Gesagte verliert somit seinen ursprünglichen Kontext. Die verschiedenen Antworten der Befragten in KUBRICK, NIXON UND DER MANN IM MOND wurden so montiert, dass der Eindruck entsteht, man hätte ihnen dieselbe Frage gestellt. Die Antworten werden so zu Statements verkürzt und ergänzen sich wechselseitig. Der eigentlich bedeutungsrelevante Inhalt ihrer Aussagen wird aber entweder von Schauspielern geliefert, die geschickt in die Montage eingefügt werden oder kommt vom Off-Kommentar, der die vermeintlichen Zeitzeugenberichte wieder in einen übergeordneten historischen Rahmen integriert.

Für die Zuschauer ist dieser Umgang mit Interviews nicht fremd. Es gehört zur gängigen Praxis, durch Montage der einzelnen Aussagen einen künstlichen Dialog entstehen zu lassen. Neutrale Detailaufnahmen, etwa von gestikulierenden Händen, werden genutzt, um Schnitte zu kaschieren. Mit entsprechender Schnitttechnik kann

---

[309] Vgl. Hattendorf, 1999. S. 151.

man die ursprünglichen Aussagen der Gesprächspartner dekontextualisieren und mit einer neuen Bedeutung versehen.

An der Schnittstelle zwischen off-Kommentar und Interviewsequenz wird in KUBRICK, NIXON UND DER MANN IM MOND exzessiv mit dem Mittel der Suggestion gearbeitet. Durch die unterstellte mysteriöse Todesart des Projektleiters des sowjetischen Raumfahrtprogramms wird implizit behauptet, der Mann sei einem verdeckten politischen Attentat zum Opfer gefallen. Die Reaktion des Interviewpartners Vernon Walters wirkt im Anschluss an diese suggestive Kommentierung wie eine Verteidigung. Dem CIA (Central Intelligence Agency) sei es durch die US-amerikanische Gesetzgebung vollkommen untersagt, Personen zu töten, so Walters, der selbst stellvertretender Direktor des CIA während des Kalten Kriegs gewesen ist. Auch der NASA (National Aeronautics and Space Administration)-Angehörige Elbaz scheint die Gerüchte abzustreiten, indem er betont, Sabotage sei nicht nötig gewesen, da die Technik allein genug Probleme aufgeworfen habe. Darauf wird ein weiteres kurzes Statement von Walters geschnitten, der zu verstehen gibt, während des Kalten Krieges habe weder ein Amerikaner einen Sowjet getötet, noch umgekehrt. Die aus dem Zusammenhang gerissenen Antworten wirken wie das Abstreiten einer weitläufigen wechselseitigen Sabotage, die im weiteren Verlauf durch die Aufzählung mysteriöser Todesfälle unter führenden Köpfen der beiden Mondfahrtprogramme im Kommentar verstärkt suggestiv unterstellt wird.

Im Interview mit einem angeblichen PARAMOUNT Produzenten namens Jack Torrence, gemimt von einem Schauspieler, wird das fachgerechte Set-Design der Abschussrampe als inszenatorische Glanzleistung von Hollywood enthüllt, die im Auftrag der NASA stattgefunden habe. Zusätzlich wird eine geheime vorproduzierte Fernsehansprache von Nixon ins Feld geführt, die den Tod der drei Mondastronauten für den Ernstfall vorweggenommen habe. Der daraus entstehende Eindruck einer allseitigen Täuschung im Zusammenhang mit der amerikanischen Mondlandung wirkt sich entsprechend kontextuell auf die nachfolgende Interviewsequenz aus. Es soll dabei die Frage geklärt werden, ob die Verstrickung des Weißen Hauses über die bisher genannten Manipulationen hinausreicht. Vereinbart gewesen sei das Interview mit der ehemaligen persönlichen Sekretärin von Nixon, Eve Kendall, einer rein fiktiven Persönlichkeit, die von einer Schauspielerin verkörpert wird. Zufällig hätten sich zur gleichen Zeit Donald Rumsfeld, Henry Kissinger, Laurence Eagleburger, Richard Helms und Alexander Haig vor Ort befunden. Die fünf Herren waren im fraglichen Zeitraum, während des Mondlandeprogramms, engste Vertraute und Berater von Präsident Nixon. Durch die Montage der einzelnen Interviewsequenzen soll der Eindruck entstehen, die Befragten befänden sich alle gemeinsam in einem Raum. Alle Beteiligten werden zu Beginn des Interviews in ausgelassener Stimmung gezeigt, dabei sorgt die Ton-/ Bildmontage für den Anschein, als reagierten sie jeweils auf das Verhalten eines anderen, ebenfalls im Raum Anwesenden. Innerhalb einer Einstellung ist jedoch immer nur eine Einzelperson zu sehen. Dadurch, dass der Hintergrund der Interviewten nicht neutral gehalten wurde, fällt dieses Verfahren jedoch zumindest insoweit auf, als dass sich im Kopf des Zuschauers nur mit sehr viel Fantasie eine Vorstellung von der zusammenhängenden Topografie des Drehorts herstellen lässt. Diese Unstimmigkeiten im Bildhintergrund könnten dabei als Fiktionssignal dienen und könnten somit zu einem Bruch der Illusion eines raumzeitlichen Kontinuums der Interviewsituation führen. Solche Brüche scheinen immer wieder dann besonders gewissenhaft eingebracht zu werden, wenn die Täuschung des Zuschauers allzu maßlos zu werden droht. Die Ausführungen der prominenten Interviewpartner werden, durch die Aussagen der Schauspielerin Barbara Rogers und durch die Montage, in einem anderen Kontext semantisiert, als jenem, der dem ursprünglichen Gespräch zugrunde lag. So äußerte sich Donald Rumsfeld ursprünglich zum Golfkrieg. Seine Antworten werden jedoch so in den fingierten Dialog eingebaut, dass sie die These von der Inszenierung der Mondlandung bestätigen. Mehr noch: Alle Befragten scheinen die Hintergründe der politischen Entscheidungen im Weißen Haus zu beleuchten, die zur Umsetzung des Plans führten. Die Landung auf dem Mond sei zwar technisch möglich gewesen, so die falsche Sekretärin, doch die Übermittlung von Bildern hätte die NASA vor ein unlösbares Problem gestellt. Einer der Präsidentenberater habe Nixon daher vorgeschlagen, die Mondlandung in einem Studio zu inszenieren. Donald Rumsfeld gibt daraufhin scheinbar freimütig zu, er habe die Idee dazu gehabt und auch Henry Kissinger sei dafür gewesen. Und dieser gibt zu verstehen, er bewundere den Präsidenten für dessen mutige Entscheidung.

Karel nutzt die Möglichkeit der Dekontextualisierbarkeit und der potentiellen Mehrfachcodierung des Ausgesagten. Dieses Verfahren findet durch den ganzen Film hindurch beständig Anwendung. So wird die Interview-Montage dazu genutzt die Behauptungen, die entweder durch den Kommentar oder durch Statements von fiktiven Zeitzeugen aufgeworfen wurden, direkt oder indirekt zu beglaubigen. Die Anwesenheit der ursprünglichen Quelle als Gesprächspartner im Bild scheint durch den Rekurs auf das Faktische als geschichtlich Vergangenes die Filmwahrheit zu beglaubigen. Das Erfahrungswissen der Interviewpartner deckt sich scheinbar mit der behaupteten Tatsache einer Inszenierung der Mondlandung, womit diese scheinbar bestätigt wird.

4.3.2 Der Umgang mit Archivmaterial

Von den Interviewsequenzen abgesehen wird beinahe ausschließlich Archivmaterial verwendet, um die behaupteten historischen Hintergründe und Zusammenhänge zu illustrieren. Damit tritt historisches Filmmaterial als eine weitere Quelle auf, die das Ausgesagte scheinbar beglaubigt.[310]

Was Lagny zufolge allgemein für die Mehrheit der Geschichtsdarstellungen im Fernsehen kennzeichnend sei, wird von KUBRICK, NIXON UND DER MANN IM MOND formbewusst umgesetzt: Die „Bilddokumente“ werden „schlicht und ergreifend auseinandergeschnitten und neu zusammenmontiert, um ihnen in einer dem Kommentar folgenden neuen Aneinanderreihung eine andere Bedeutung zu unterlegen“ und „Vergangenheit und Gegenwart werden durch den mittlerweile klassisch gewordenen Wechsel zwischen dem Bildmaterial und aktuellen Interviews markiert“.[311] Nach Meinung der französischen Filmhistorikerin ist das Fernsehen überhaupt nur bedingt dazu in der Lage, Geschichte angemessen darzustellen. Das aktuelle Zeitgeschehen dominiere die Themenauswahl, die Bilddokumente würden willkürlich aus Archiven zusammengesucht und die Bilder der Deutungsmacht des Kommentars ausgeliefert. Einzig und allein im Kino habe der dokumentarische Geschichtsfilm die Möglichkeit eine „wahrhaftigere Geschichte“[312] zu entwickeln, weil nur dann, wenn die Bilder aus dem *flow* der Fernsehwahrnehmung herausgelöst seien und sich in die Entität eines Einzelwerks fügten, der nötige erkenntniskritische Abstand aufgebaut werden könne. Die dispositive Anordnung mache das Fernsehen demnach ungeeignet, Geschichte angemessen zu repräsentieren. Eine adäquate

---

[310] Filmmaterial jeglicher Provenienz wurde dabei von der Geschichtswissenschaft lange Zeit nicht als Quelle geschätzt. Vgl. Hohenberger, Eva/ Keilbach, Judith: Die Gegenwart der Vergangenheit. Zum Verhältnis von Dokumentarfilm, Fernsehen und Geschichte. In: diess. (Hgg.): Die Gegenwart der Vergangenheit. Dokumentarfilm, Fernsehen, Geschichte. Berlin: Vorwerk8 2003. S. 9 ff

[311] Lagny, Michèle: *Historischer Film und Geschichtsdarstellung im Fernsehen.* In: Hohenberger / Keilbach, 2003. S. 123.

[312] Ebd. S. 126.

Repräsentation würde die Zuschauer „nicht als Zeugen oder passive Empfänger“[313] behandeln, sondern ihnen Fragen aufgeben. Der Rezeptionsrahmen des Kinos soll also einer gesellschaftlichen Erinnerungskultur zuträglicher sein, weil die Inhalte nicht nivelliert würden. Nicht nur, dass das Plädoyer für das Kino aus den angegebenen Gründen nicht nachvollziehbar ist; die kulturpessimistische Sicht übersieht zudem, dass dem Fernsehen eine elementare Bedeutung für das kulturelle Gedächtnis[314] zukommt.

Durch die Wiederaufbereitung von Archivmaterial wird der Begriff von Geschichte, als etwas unwiederbringlich Vergangenes, zunächst scheinbar in Frage gestellt.

> „Was man früher durch steinerne Monumente, geschriebene Dokumente oder andere Zeichen der Absenz und der Symbolisierung als einmal gewesen inspizieren konnte, ist dank der Lebendigkeit der Bilder, die die Geschichte (des 20. Jahrhunderts) hinterlassen hat, nicht wirklich hinter uns und doch kein Teil der Gegenwart.“[315]

Der „zwanghafte Wiederholungsdrang“[316] des Fernsehens scheint für eine ewige Wiederkehr singulärer Ereignisse zu sorgen. Dabei wäre jedoch zu fragen, woraus sich diese Forderung nach einem Rückgriff auf eine unwiederbringlich verlorene Vergangenheit ergibt. Es gilt nämlich zwischen der Historie als Begriff der modernen Geschichtswissenschaft und dem kulturellen Gedächtnis zu unterscheiden.[317] Mit den Implikationen des ersten Begriffs, dem Anspruch auf eine wahrheitsorientierte, interessenlose Rekonstruktion des Vergangenen, verknüpfen sich Forderungen, die vom Fernsehen nicht eingelöst werden können. „Wissenschaftliche und mediale Geschichtsdarstellungen haben unterschiedliche Zurichtungen, andere Problemlösungsstrategien und unterschiedliche Funktionen.“[318]

Unter dem Begriff des kulturellen Gedächtnisses werden die „für eine Gruppe identitätsstiftende[n] Wissensbestände“ verstanden, „die in Speichermedien oder symbolischen Formen bzw. Praktiken externalisiert werden“.[319] Das kulturelle Ge-

---

[313] Ebd. S. 126.
[314] Zum Begriff des kulturellen Gedächtnisses, vgl.: Bering, Dietz: Art. *„Kulturelles Gedächtnis“*. In: Pethes, Nicolas / Ruchatz, Jens (Hgg.): Gedächtnis und Erinnerung. Ein interdisziplinäres Lexikon. Reinbeck: Rowohlt 2001. S. 329 - 332.
[315] Elsaesser, Thomas: *„Un train peut en cacher un autre“. Geschichte, Gedächtnis und Medienöffentlichkeit.* montage/av. Jg. 11. 1/2002. S. 12.
[316] Ebd. S.20.
[317] Vgl.: Grampp, 2004. S. 386 f.
[318] Ebd. S. 402.
[319] Bering, 2001. S. 329.

dächtnis ist identitätskonkret, da es sich auf Identitätskonzepte bestimmter Kollektive hin entwirft und es ist rekonstruktiv, weil es ausgehend von einem aktuellen Orientierungsbedürfnis nach sinnstiftenden und stabilisierenden Elementen der Vergangenheit sucht. Es beansprucht eine nicht-wertneutrale Verbindlichkeit, ist institutionell organisiert und weist spezifische Formen auf, die auf Grundlage der medialen Beschaffenheit eine Tradierungsleistung ermöglichen. Außerdem kann das kulturelle Gedächtnis reflexiv zur Selbstbeobachtung des Kollektivs und der Individuen genutzt werden.[320] Das Fernsehen leistet in seiner Funktion als Medium der gesellschaftlichen Selbstverständigung und der historisierenden Sinnproduktion einen Betrag zur Konstituierung eines kulturellen Gedächtnisses. Es bietet sinnstiftende Anknüpfungen, die Komplexität reduzieren und Geschichte in eine identitätsbildende Funktion einsetzen. Das Fernsehen übernimmt dabei eine Kompensationsfunktion, indem es eine zunehmend komplex und unübersichtlich scheinende Geschichte wieder an individuelle und kollektive Erfahrungswerte anknüpfbar macht.[321]

Vordergründig bedient KUBRICK, NIXON UND DER MANN IM MOND die Kritik an einem manipulativen Umgang mit Archivaufnahmen. Die Bilder werden aus ihrem ursprünglichen Kontext herausgelöst und erhalten eine neue Bedeutung, welche die Kernaussagen des Films belegen soll. Es überwiegt das gesprochene Wort. Kaum ein Bild bleibt ohne Kommentierung. Die Archivaufnahmen dienen der Beweisführung. Dabei wird die Bedeutung der Bilder erst durch den sprachlichen Kontext aktiviert, der sie gleichsam in die entsprechende indexikalische Funktion einsetzt.

Diese Art und Weise des Umgangs mit Archivmaterial ist üblich in geschichtlichen Fernsehdokumentationen. Würde man für jeden Filmausschnitt und jede Fotografie die Quelle ausführlich nachweisen, würde nicht nur die Rezeption mühselig werden, auch der Fluss des Films wäre gestört. Da entsprechende Verfahrensweisen ohne detaillierte Quellenangaben in der Medienpraxis ohnehin an der Tagesordnung sind,[322] kann mit der Akzeptanz des Zuschauers gerechnet werden, solange keine logische Diskrepanz zwischen Wort und Bild entsteht.

---

[320] Ebd. S. 330 f.

[321] Vgl.: Grampp, 2004. S. 402, sowie: Schmidt, Siegfried J.: Kognitive Autonomie und soziale Orientierung. Konstruktivistische Bemerkungen zum Zusammenhang von Kognition, Kommunikation, Medien und Kultur. Frankfurt/Main: Suhrkamp 1996. 2.Aufl. S. 317.

[322] „Die Illustrierung historischer Ereignisse [...] durch relativ beliebiges Filmmaterial“ wird von Schreitmüller in den Bereich der alltäglichen Medienfälschungen eingeordnet. Vgl.: Schreitmüller, 2005. S. 31.

Die Archivaufnahmen in KUBRICK, NIXON UND DER MANN IM MOND werden dabei durchaus zu verschieden Zwecken als Beweise instrumentalisiert. Die falsche Sekretärin Eve Kendall gibt vor, sie könne sich lebhaft daran erinnern, wie der Präsident in einem Moment äußerster Anspannung nervös das Telefonkabel um seine Finger wickelte. Just darauf wird eine Aufnahme von Nixon in seinem Büro gezeigt, in der seine Hände tatsächlich mit der Schnur des Telefons spielen. Immer wieder werden daher Fotografien und Filmaufnahmen genutzt, um die Glaubwürdigkeit der fiktiven Zeitzeugen zu belegen, weniger das Ausgesagte selbst. Die „notwendige Glaubwürdigkeit des Redners" schließlich, sichert auch die „von Rede und Sachverhalt".[323] Diese Grundregel der Rhetorik findet sich hier als Strategie zur Beglaubigung der Protagonisten wieder.

Andererseits wird Archivmaterial auch eingesetzt, um das Ausgesagte selbst zu belegen. Eine Fotografie, die Walt Disney zeigt wie er die Miniatur einer Mondrakete in den Händen hält, gerät zum illustrativen Beweis dafür, dass er seinerzeit die Überlegungen zu einer Inszenierung der Mondlandung angeregt habe.

Besonders augenfällig ist die Umdeutung von historischem Bildmaterial natürlich bei der Analyse der - in Wirklichkeit nicht gefälschten - Mondladungsfotos durch einen - in Wirklichkeit falschen - ehemaligen KGB (sowjet. Komitee für Staatssicherheit)-Agenten. Dabei werden die prominentesten Einwände der Verschwörungstheoretiker aufgebracht: von der fehlenden Atmosphäre auf dem Mond, die das Wehen der amerikanischen Flagge unmöglich gemacht hätte, bis zu den extremen Temperaturschwankungen, die deutliche Spuren auf der Emulsionsschicht der Farbaufnahmen hinterlassen haben müsste. Bei jedem Bild wird seine Beweiskraft als historisches Faktenmaterial der Mondlandung demontiert. Hieran lässt sich Derridas Argument, dass das Beweisstück das Zeugnis nicht ersetzten kann, veranschaulichen.

Gegen Ende des Films wird die Kontextualisierung von Archivmaterial dann ad absurdum geführt. So etwa bei den Aussagen eines falschen Zeitzeugen. Er berichtet von einem als tödlichen Autounfall getarnten Mordanschlag, der angeblich vom Geheimdienst an einem Eingeweihten verübt wurde, da dieser nicht mehr bereit gewesen sei zu schweigen. Seinen Worten folgt ein Bild, auf dem sich etwa ein Dutzend Personen in Weihnachtsmannkostümen über einen am Boden liegenden Mann beugen. Während der Zeuge berichtet, der Mann sei bei lebendigem Leib verbrannt, sind dem Opfer auf dem Foto äußerlich keinerlei Blessuren anzusehen. Es ergibt sich

---

323 Todorow / Grampp/ Schmid-Ruhe, 2005. S. 209.

somit zusätzlich eine Diskrepanz zwischen Zeitzeugenbericht und Beglaubigungsfunktion des fotografischen Indexes, was als Fiktionssignal aufgefasst werden könnte.

Durch die Instrumentalisierung des Klammermaterials und der filmimmanenten Denunziation dieser fragwürdigen Praxis steht KUBRICK, NIXON UND DER MANN IM MOND eher der Form des Kompilationsfilms, als der des Found Footage Films nahe. Diese beiden Begriffe werden häufig synonym verwendet, unterscheiden sich jedoch nach der Art ihres Bezugs zu dem verwendeten Archivmaterial. Der Found Footage Film nutzt das Material, um das Wesen des jeweiligen Mediums zu ergründen; er ist selbstreflexiv. Kompilationsfilme hingegen sind gekennzeichnet durch die ideologie- bzw. machtkritische Auseinandersetzung mit dem Material.

> „Kompilationsfilme arbeiten mithin primär an vorgängigen filmischen Geschichtsdeutungen, an der Offenlegung von deren verborgener Diskursivität, an der Referenzialität von Geschichte und filmischer Repräsentation.“[324]

Kompilationsfilme nutzen dabei Bilder, die hinlänglich bekannt sind oder sogar als kollektive Erinnerungsbilder im Gedächtnis der Medienöffentlichkeit sedimentiert wurden. Durch die Rekontextualisierung des Bekannten in *mockumentaries* werden gewissermaßen alternative Erinnerungsbilder generiert. In Filmen wie ZELIG von Woody Allen und Robert Zemeckis' FORREST GUMP (1994), die teilweise historisches Klammermaterial in die Filmnarration integrieren, werden laut Elsaesser hyperreale, virtuelle Parallelwelten erzeugt.[325] Man könnte auch davon sprechen, dass aus der einstmalig konstatierten Evidenz des fotografischen „So-ist-es-gewesen“ (Barthes) ein „So-könnte-es-gewesen-sein“ gemacht wird. Auch KUBRICK, NIXON UND DER MANN IM MOND kokettiert mit dieser Möglichkeit, die Geschichtlichkeit medial aufbereiteter Erinnerungsbilder zu problematisieren.

---

[324] Kirchmann, Kay: *Bildermüll und Wiederverwertung. Eine medientheoretische Perspektive auf Formen und Funktionen des Bilderrecyclings im Found-Footage-Film.* In: Koebner, Thomas/ Meder, Thomas (Hg.). Bildtheorie und Film. München: Ed. Text und Kritik 2006. S. 501.

[325] Ebd. S. 12.

4.3.3 Die Anlehnung an Formen des investigativen Journalismus

Der Gestus von KUBRICK, NIXON UND DER MANN IM MOND entspricht dem des investigativen Journalismus. Die Tatsache, dass die höchsten Vertreter der US-amerikanischen Regierung die Inszenierung der Mondlandung in Auftrag gegeben hätten, soll erstmals und lückenlos aufgedeckt werden. Kennzeichnend für diese Form des Journalismus ist die Bekanntgabe einer für die Allgemeinheit relevanten Information, die nicht zur Veröffentlichung gedacht war. Häufig geht es dabei um Vetternwirtschaft, Korruption oder Machtmissbrauch.[326] Um an diese brisanten Informationen zu gelangen, müssen oft viele Hindernisse überwunden werden.

> „Insbesondere die Recherchearbeit geschieht gegen Widerstände und Barrieren unterschiedlichster Art, denn an der Aufdeckung hat die Gegenseite kein Interesse. Investigativer Journalismus ist daher Recherchieren unter erschwerten Bedingungen."[327]

Zwar wird in KUBRICK, NIXON UND DER MANN IM MOND eine entsprechende Kulisse aufgebaut, etwa wenn suggeriert wird, General Walters sei ermordet worden, weil er dazu bereit gewesen wäre seine Verschwiegenheitspflicht gegenüber der CIA aufzugeben. Bevor er jedoch dazu in der Lage gewesen wäre, dem französischen Fernsehen die ganze Wahrheit zu offenbaren, sei er trotz bester gesundheitlicher Verfassung plötzlich verstorben. Offenbar gibt es also eine Gegenseite, die verhindern möchte, dass brisante Informationen an die Öffentlichkeit geraten und die dafür dazu bereit ist, verdiente Generäle zu liquidieren.

Andererseits besteht eine offenkundige Diskrepanz zur unumschränkten Auskunftsbereitschaft der fröhlichen Herrenrunde um Donald Rumsfeld. Warum geben gerade diese hohen Vertreter der Macht so bereitwillig das lang gehegte Geheimnis um die Inszenierung der Mondlandung preis? Der Bruch mit der Logik der investigativen Form könnte dabei als Fiktionssignal angesehen werden, was die Selbstdenunziation des Films als Fälschung befördert.

Anfangs hatte noch ein Zufallsfund eine interesselose Vermittlung der Evidenz der historischen Fakten vermuten lassen. Bei der Recherchearbeit zu einem Film über Stanley Kubrick sei Karel ein Geheimexposé aus dem Nachlass Kubricks in die

---

[326] vgl. Ludwig, Johannes: Art. „*Investigativer Journalismus.*" In: Weischenberg, 2005. S. 123.
[327] Ebd. S. 124.

Hände gefallen, das Auskunft über seine Verbindungen zur NASA gäbe. Dieses Motiv findet sich auch in anderen *mockumentaries*. Etwa in dem Film FORGOTTEN SILVER, in welchem der Regisseur Peter Jackson durch Zufall auf ein paar verrostete Filmdosen stößt, die Experten dazu veranlassen, die Filmgeschichte umzuschreiben. Dadurch, dass das historische Tatsachenmaterial zufällig gefunden wurde, kann ein rein interessengeleitetes und möglicherweise zweifelhaftes Engagement für eine historische Wahrheit eher ausgeschlossen werden.

4.3.4 Intertextuelle Bezüge

KUBRICK, NIXON UND DER MANN IM MOND treibt ein Verwirrspiel mit dem Zuschauer. Nicht nur die Widersprüche, die sich in der Rekonstruktion der Ereignisse und in der Anlehnung an die Form des investigativen Journalismus ergeben, auch die auffällig inszenierten Archivbilder, die zu den Kommentaren in keine passende Verbindung gebracht werden können, lassen den Zuschauer zweifeln. Besonders deutlich wird das spielerische Einbeziehen des Zuschauers jedoch bei Anspielungen auf Filmklassiker oder das Werk Stanley Kubricks. Diese Bezüge werden hier als intertextuell bezeichnet, weil nur die vollständige Kenntnis ihrer Herkunft ein Verständnis als Fiktionssignale ermöglicht. Die Hinweise können natürlich nur von den Rezipienten erkannt werden, die auf diesem Gebiet bewandert sind. Dem typischen ARTE-Zuschauer, der über ein breites kulturelles Wissen verfügen sollte, welches sich zwischen hoher Kunst und Populärkultur aufspannt, dürften diese Anhaltspunkte jedoch nicht gänzlich verborgen bleiben.

Die Schauspieler, die Zeitzeugen verkörpern, tragen auffällige Namen, die entweder an Persönlichkeiten der Filmbranche oder Filmfiguren angelehnt sind. So trägt der ehemalige PARAMOUNT Produzent, der in die Pläne der NASA bezüglich der fachgerechten Inszenierung des Raketenstarts eingeweiht worden war, den Namen der Hauptfigur in Stanley Kubricks Film THE SHINING (1980): Jack Torrence. Die persönliche Sekretärin von Nixon, die im Interview mit den Beratern immer wieder die richtigen Stichworte einstreut, um die Aussagen der Herren in einen bestimmten Kontext zu rücken, trägt den Namen der Filmpartnerin von George Kaplan in NORTH BY NORTHWEST (1959) von Alfred Hitchcock: Eve Kendall. Zudem ist George Kaplan in KUBRICK, NIXON UND DER MANN IM MOND der Name des plötzlich unzurechnungsfähig gewordenen CIA-Agenten, der im Alleingang die Liquidierung sämtlicher an der Inszenierung der Mondlandung beteiligten Personen durchführt. Das irrationale und vollkommen unkontrollierbare Handeln dieser Figur erinnert wiederum an das Verhalten des Generals Jack D. Ripper aus Kubricks Film DR. STRANGELOVE OR: HOW I LEARNED TO STOP WORRYING AND LOVE THE BOMB (1964), der mit einem absurden atomaren Präventivschlag gegen die Sowjetunion die Eskalation des Kalten Kriegs und damit die Auslöschung der Menschheit einleitet. Dimitri Muffley, der ehemalige KGB-Agent, der die Fälschung der Mondlandungsfotos entlarvt, trägt einen zusammengefügten Namen: Muffley heißt der Präsident in DR. STRANGELOVE, der seinen sowjetischen Amtskollegen stets freundschaftlich mit Dimitri anspricht.

Der angebliche Leiter des Apollo 11 Programms heißt David Bowman, ein Name, der Kennern des Kubrick'schen Œuvres aus 2001-A SPACE ODYSSEY (1968) bekannt sein dürfte. Dort ist er der Kommandant der Raumfähre Discovery und muss sich gegen die Sabotageversuche des Bordcomputers HAL 9000 zur Wehr setzten. Die Liste lässt sich weiter fortsetzen: Der Vorname von Chapel, des ausgeschiedenen CIA-Agenten, der sich fortan hauptberuflich als Pastor in Kapellen aufhält und der als Informant manche brisante Information zum Verständnis des Geheimnisses beisteuert, erinnert an die „Ambrose Chapel“ in Hitchcocks THE MAN WHO KNEW TOO MUCH (1956). Auch andere Figuren können mit der Welt des fiktionalen Films in Verbindung gebracht werden: Maria Vargas (THE BAREFOOT CONTESSA, Joseph L. Mankiewicz, 1956) sowie Rabbi Koenigsberg (erinnert an den bürgerlichen Namen von Woody Allen: Allen Stewart Konigsberg).[328]

Es finden sich jedoch auch subtilere Anspielungen. In einem Fall kann man sogar von einem direkten Zitat sprechen: ein Song aus dem Soundtrack des Films WAG THE DOG (1997) von Barry Levinson. Der Film handelt von einem erfundenen Krieg gegen Albanien, der in den Studios von Hollywood inszeniert wird, um die Bevölkerung von einer Sex-Affäre des Präsidenten abzulenken. Dem Präsidenten soll so die Möglichkeit verschafft werden, seine außenpolitischen Kompetenzen bei der Verteidigung amerikanischer Interessen unter Beweis zu stellen, um bei den bevorstehenden Wahlen durch den Zugewinn an Wählersympathien eine Verlängerung seiner Amtszeit zu erwirken. In dem Song werden die Qualitäten der US-amerikanischen Mentalität besungen, die darin bestünden, Bereitschaft zu zeigen, die

[328] Woody Allen hat sich vor allem in seinem frühen Filmschaffen produktiv mit der *mockumentary*-Form in den Filmen *Take the money and run* (1969) und *Zelig* auseinandergesetzt.

Grenzen des Landes nach außen zu verteidigen und allzeit für die Demokratie einzustehen. Ein Filmportal im Internet bezeichnet den Film als „sehr vergnügliche schwarze Komödie, die sich mit der Macht der Medien und der Manipulierbarkeit der Öffentlichkeit auseinandersetzt" und auf die Herausforderungen einer „stärker medi-engesteuerten Zukunft" vorausweise.[329] Mit dem Hintergrundwissen von dieser intertextuellen Verknüpfung, wird zugleich ein Subtext zu der engen Verbindung von Politik und der Möglichkeit der Medienmanipulation, im Dienste politischer Machtinteressen, mitgeliefert.

Die Funktion der intertextuellen Relationen mit den Filmen, aus denen ausgewählte, aber nicht kenntlich gemachte Ausschnitte präsentiert werden und über deren Herkunft erst im Abspann Rechenschaft abgelegt wird, lässt sich schwieriger klären. Es handelt sich größtenteils um dokumentarische Filme. Je nachdem, ob sie als Fremdmaterial erkannt werden oder nicht, können auch sie als Fiktionssignale dienen. Die Filme sind jedoch alle eher unbekannt und in filmkanonischer Hinsicht unbedeutend, so dass sich eher aus der Diskrepanz zwischen historisch Wahrscheinlichem und den Inhalten der Ausschnitte eine Spannung ergibt, die als Fiktionssignal wahrgenommen werden könnte.

4.3.5 Welt- und Medienwissen

Damit das Spiel zwischen Fakt und Fiktion, zwischen Wahrscheinlichem und Unmöglichem, das KUBRICK, NIXON UND DER MANN IM MOND zu vollziehen versucht, funktionieren kann, müssen sich die aufgestellten Behauptungen auf ein Vorwissen der Zuschauer stützen. Dadurch wird deren Bereitschaft verstärkt, den vorgebrachten Argumenten und Aufdeckungen hinsichtlich ihres Wahrheitsgehalts zu trauen. Das vorausgesetzte Vorwissen wiederum beruht auf der Orientierungsfunktion des Fernsehens, denn bei der Suche nach sinnstiftenden Elementen der Vergangenheit, die das Gegenwärtige zu verstehen helfen, wird man auf Diskurse und Symboliken gestoßen, die man selbst immer schon aus dem Fernsehen oder anderen medienkulturellen Zusammenhängen kennt. Dabei haben sich bestimmte kulturelle Wissensbestände und Deutungsmuster, die in medialen Sinnzuweisungen zirkulieren,

[329] Vgl.: http://www.filmevona-z.de/filmsuche.cfm?sucheNach=titel&wert=508287. 01.02.2010.

zu bestimmten Topoi verfestigt. Unter Topoi werden hier Vorstellungsbilder und gemeinsame Erfahrungshorizonte in einer Kultur verstanden, die als bekannt vorausgesetzt und zur Untermauerung des Glaubwürdigkeitsanspruchs instrumentalisiert werden. Glaubwürdigkeit ist immer relational auf die Rezipienten ausgerichtet. In der Rhetorik werden solche Verfahren, die „nicht Wahrheit oder Evidenz, sondern die Meinungen, die die meisten für richtig halten"[330] als Bezugsrahmen nutzen, als *Enthymeme* bezeichnet.[331] Die plausible Kompatibilität mit einem medial vermittelten kulturellen Wissen dürfte dabei die Aussicht auf Akzeptanz merklich erhöhen.[332]

KUBRICK, NIXON UND DER MANN IM MOND geht keineswegs soweit zu behaupten, dass die Mondlandung der Amerikaner niemals stattgefunden hätte. Doch sehr bewusst nutzt man einschlägige Thesen von Verschwörungstheoretikern, die eine Inszenierung der Mondlandung im Studio beweisbar machen sollen. Einer der bekanntesten Vertreter ist Bill Kaysing, der 1976 das Buch WE NEVER WENT TO THE MOON: AMERICA'S THIRTY BILLION DOLLAR SWINDLE veröffentlichte. Die Spekulationen um eine mögliche Fälschung der Eroberung des Mondes haben eine Reihe von Auseinandersetzungen unter Kulturschaffenden angeregt. Auch das populäre Hollywoodkino hat sich der Thematik mehrfach angenommen, so etwa der James Bond-Film DIAMONDS ARE FOREVER (Guy Hamilton, 1971). Auf der Flucht gerät Bond auf das Gelände einer Firma in Las Vegas, nahe der geheimnisumrankten AREA 51, und begegnet dort Menschen in Raumanzügen, die sich vor Mondkulissen bewegen.

Die Mondlandung war ohne Zweifel eines der größten Medienereignisse des 20. Jahrhunderts. Die Fernsehübertragung der Mondlandung stand dabei historisch tatsächlich vor dem Problem eines eklatanten Bildermangels. Für die ARD stellten damals der Düsseldorfer Weltraumpublizist Rudolf Brock und der Kölner Sportstudent Arno von der Weppen den Landeprozess der Apollo 11 in einer nach den Konstruktionsplänen der NASA gebauten Mondfähren-Kulisse nach. Dadurch wollte man die Zuschauer bei Laune halten und ihrem Bedürfnis nach Informationen über den tatsächlichen Verlauf des Landemanövers nachkommen, da es die ersten echten Bilder erst nach der Landung auf der Mondoberfläche zu sehen gab. Schon im Vorfeld hatten sich die Fernsehsender in ihrer Berichterstattung über die Mondlandung

[330] Ostermann, 1999. S. 41.
[331] Vgl.: Aristoteles, 1980. 1357[a]. S. 17.
[332] Vgl. zum Begriff des kulturellen Wissens: Schmidt, Siegfried J.: Kognitive Autonomie und soziale Orientierung. Konstruktivistische Bemerkungen zum Zusammenhang von Kognition, Kommunikation, Medien und Kultur. 2. Aufl. Frankfurt/Main: Suhrkamp 1996. S. 236 - 247.

Inszenierungen mit Schauspielern, Trickzeichnungen und anderer Hilfsmittel bedient, um die notwendigen Bilder zu generieren. Paradoxerweise hatte die bunte Bebilderung den echten Mondlandungsbildern soweit voraus gegriffen, dass viele Zuschauer diese im Moment ihrer Ausstrahlung als enttäuschend, geisterhaft und sogar abstrakt empfanden.[333]

Des Weiteren gilt das Wettrüsten der sowjetischen und amerikanischen Mondfahrtprogramme im einsetzenden Kalten Krieg als propagandistisches Kräftemessen. Im Oktober 1957 war es der Sowjetunion gelungen einen Sputnik-Satelliten ins All zu schießen. Damit demonstrierte sie nicht nur ihre weltraumtechnologische Überlegenheit, sondern auch eine nicht zu unterschätzende militärische Stärke. Juri Gagarin umkreiste am 12. April 1961 als erster Mensch die Erde im Weltall. Die USA begannen für einen Wettlauf aufzurüsten, der ihre Position als führende Industrienation durch ein Mondlandungsprogramm symbolisch zementieren sollte. Am 20. Juli 1969 verfolgte eine halbe Milliarde TV-Zuschauer den Start der Apollo 11 Rakete zur Mondmission. Was, wenn die Fernsehzuschauer damals den Start einer sowjetischen Mondrakete miterlebt hätten? Die symbolische Macht der ersten Bilder einer bemannten Mondmission lässt die Behauptung, die US-amerikanische Regierung wäre bereit gewesen alles daran zu setzen, solche Aufnahmen vorweisen zu können, zweifellos glaubwürdiger erscheinen.

Der Film basiert außerdem auf der Wirksamkeit einer Reihe gängiger Klischees und rechtmäßig erscheinender Unterstellungen. Es werden ganze Generationen von US-amerikanischen Politikern, meist Präsidenten, aufgezählt, denen große Firmen und Wirtschaftslobbyisten aus den Südstaaten zu ihrer Karriere verholfen hätten. Dafür würden diese Bundesstaaten wiederum bevorzugt behandelt werden, wenn es um Zugeständnisse und Subventionen gehe, so dass der Gedanke an Vetternwirtschaft aufkommt. Für jeden einzelnen Fall lassen sich derartige Vorwürfe wohl nicht restlos abstreiten und so bleibt die Möglichkeit, dass auch das Raumfahrtprogramm zum Aufbau korrupter, mafiöser Strukturen geführt habe. Nichts ist außerdem verdächtiger, als die Politik während des Kalten Krieges, in dem auf beiden Seiten ein Netz undurchsichtiger geheimdienstlicher Operationen geknüpft wurde.

Die Vorstellungen von der Arbeit der Geheimdienste, die durch populäre Agentenfilme wie die der James Bond-Reihe genährt wurden, ist die einer gegen-

---

[333] Vgl.: Rosenfelder, Andreas: *Medien auf dem Mond. Zur Reichweite des Weltraumfernsehens*. In: Schneider, Irmela et. al. (Hgg.): Medienkultur der 60er Jahre. Diskursgeschichten der Medien nach 1945. Band 2. Wiesbaden: Westdeutscher Verlag 2003. S. 17 - 33.

seitigen Sabotage, im Zuge derer die Verübung politisch motivierter Morde plausibel erscheint. Genau darauf baut der Film, denn er unterstellt immer wieder die systematische Ermordung von Gegnern oder Augenzeugen, deren Wissen der politischen Führungsmacht allzu gefährlich geworden wäre.

Dabei sollte man zusätzlich bedenken, dass KUBRICK, NIXON UND DER MANN IM MOND eine Produktion für den europäischen Fernsehmarkt ist. Die Vorurteile der Europäer gegen die Supermacht USA bieten ausreichend Nährboden für Spekulationen über das gesamte Ausmaß der Korruption und des Machtmissbrauchs. Dieser Zusammenhang lässt sich für ein mutmaßliches Beweisverfahren instrumentalisieren, das rhetorischen Strategien entspricht:

> „Beweisen im rhetorischen Sinne realisiert sich als Aufweis dessen, was den meisten als wahrscheinlich erscheint, nicht als eine Logik des Überzeugens nach dem Muster apodiktischer Beweisverfahren."[334]

Es lassen sich hier deutlich Parallelen zu den Grundannahmen einer aristotelischen Rhetorik feststellen. Da man vergleichbare Thematiken erinnern könnte, die unter anderem auch im Fernsehen mit Variationen rekursiv auftreten, verstärkt sich die Glaubwürdigkeit des Ausgesagten durch die Möglichkeit auf ein implizites Vorwissen aufzubauen.

Die Zuschauer verfügen jedoch wohl auch über ein Medienwissen und sind sich bewusst, dass Medienprodukte tendenziell Repräsentationen einer Wirklichkeit darstellen können, die kein Korrelat mehr in der Realität besitzen. Die viel beschworene Rede von der Illusionsmaschine und der Traumfabrik Hollywood bringt dieses halluzinatorische Moment zum Ausdruck. Durch den Einsatz von immer neuen Tricktechniken wird versucht, einem fiktionalen Geschehen möglichst große Glaubwürdigkeit hinsichtlich einer realistisch anmutenden Darstellung zu verleihen. Das kann für Science Fiction Filme gelten, wie etwa Kubricks 2001 - A SPACE ODYSSEY, ein Film, der angeblich allen NASA-Angehörigen, ob seiner akribischen Genauigkeit zum raumfahrttechnischen Detail, keinen Anlass zur Kritik in Sachen Glaubhaftigkeit gelassen hätte, so zumindest wird es in KUBRICK, NIXON UND DER MANN IM MOND behauptet. Filminhaltlich wird somit nochmals an die Manipulationsmöglichkeiten der Tricktechnik erinnert. Gaben schon damals die tricktechnischen Mög-

---

[334] Ostermann, 1999. S. 40.

lichkeiten Anlass zur Sorge, dieses Potential könnte missbraucht werden, hat sich der Verdacht im Zeitalter der digitalen Bildbearbeitung noch verstärkt,

> „da ein authentisches Filmbild nicht mehr von einem digital erzeugten Bild zu unterscheiden ist, wie Robert Zemeckis in dem Spielfilm FORREST GUMP (1994) anschaulich demonstriert, indem er Dokumentar- und Spielfilmmaterial zu fiktiven Begegnungen der Hauptfigur mit US-amerikanischen Präsidenten zusammenfügt.“[335]

Offen bleibt dabei die Frage, was ein authentisches Bild ausmacht, da Authentizität, wie bereits angemerkt, keine ontologische Kategorie ist, sondern Resultat einer Vermittlung bzw. bestimmter kontextueller Faktoren. Es macht auf dieser Ebene somit keinen Sinn ein authentisches Filmbild von einem digital generierten zu unterscheiden, da ein authentisches Bild *an sich* gar nicht existiert.

Der erfahrene Mediennutzer ahnt, dass die täuschend echt anmutenden Bilder auch zu politischen Zwecken missbraucht werden könnten. Auch dieses implizite Wissen nutzt KUBRICK, NIXON UND DER MANN IM MOND im Kokettieren mit der eigenen Glaubwürdigkeit.

4.3.6 Fazit

In der Jury-Begründung zur Grimme-Preisverleihung im Jahr 2003 heißt es, der Film führe den Zuschauer „in einer vergnüglich irritierenden Achterbahnfahrt von braver Gutgläubigkeit, wie sie Dokumentationen nun einmal hervorrufen, hin zur empörten Skepsis und zurück zum *Alles ist möglich*“ und erzähle „damit viel über die Macht des bewegten Bildes“.[336] Der Film biete eine Lehrstunde über die Manipulationsmechanismen des Fernsehalltags.

In der Tat führt der Film eine Reihe gängiger Darstellungsmuster vor Augen und demontiert sie durch den Aufweis einer möglichen Instrumentalisierung. Als Quellen treten dabei Zeitzeugen im Interview auf, die entweder durch den ihnen

---

[335] Vossen, Ursula: Art. „*Kompilationsfilm.*“ In: Koebner, Thomas (Hg.) Reclams Sachlexikon des Films. Stuttgart 2002. S. 314.

[336] http://www.grimme-institut.de/scripts/preis/agp_2003/scripts/beitr_kubrick.html. Dezember 2009.

zugerechneten *ethos* Glaubwürdigkeit für sich beanspruchen können oder diese sekundär über die Beglaubigung durch die vermeintliche Evidenz von Bildbeweisen erhalten. Dabei werden filmische und fotografische Beweisstücke auch durch die Zeitzeugenschaft in ihre indexikalische Funktion gewiesen. Durch die Mehrdeutigkeit und Möglichkeit zur Dekontextualisierung wird in einer trias von Zeitzeugenbericht, Archivbild und sinnstiftendem Kommentar ein fiktionaler Inhalt zunächst als glaubwürdig vermittelt, ehe durch filminterne Brüche eine Demontage stattfindet. KUBRICK, NIXON UND DER MANN IM MOND steht dabei formal dem Kompilationsfilm nahe, der das Archivmaterial nutzt um Geschichtsbilder, auch im übertragenen Sinn, zu hinterfragen. Außerdem stützt sich der Film auf eine Reihe von *Enthymemen*, die eine Vertrautheit oder ein Vorwissen der Rezipienten mit bestimmten Gemeinplätzen voraussetzen. Dabei werden in allen angeführten Bereichen, die zur Glaubwürdigkeit und Authentizität des Dargestellten beitragen, eklatante Brüche eingearbeitet, die den Wahrheitsgehalt der Darstellung zweifelhaft werden lassen und die Selbstdenunziation als Täuschung, die im Abspann endgültig vollzogen wird, vorwegnehmen.

Zwar wird dem Zuschauer durch dieses Verfahren eindrücklich vorgeführt, wie er vom Fernsehen getäuscht werden kann, zu einer Konkretisierung eines ohnehin allgemein persistierenden Verdachts, der aus pragmatischen Gründen ein vorbehaltliches Vertrauen einschließt, dürfte es daher aber nicht kommen und der Zuschauer wird am Ende über etwas aufgeklärt, was er ohnehin schon immer geahnt hat. Der Film mag dabei vielleicht ein gesteigertes Bewusstsein für Manipulationsmöglichkeiten des Fernsehens schaffen. Da die vorgeführten Verfahren jedoch in der alltäglichen Medienpraxis weiterhin Gültigkeit beanspruchen, dürfte die Unentschlossenheit zwischen Verdacht und Vertrauen jedoch bestehen bleiben. Die Tatsache, dass der im Film dargelegte Missbrauch der manipulativen Möglichkeiten der Massenmedien durch politische Macht fiktionalisiert wird, entschärft den kritischen Gehalt dabei natürlich ungemein.

Der kulturell versierte ARTE Zuschauer jedenfalls wird sich über diese Mediensatire amüsieren. Der Film bietet tatsächlich eine vergnügliche, reflexive Auseinandersetzung mit den medialen Glaubwürdigkeitspostulaten. Von einer postmodernen Ästhetik, die Realität immer schon als selbstreferentielles Medienkonstrukt wiedergibt, lässt sich der Film aber dennoch klar abgrenzen.[337] Die spielerische Verhandlung des Verhältnisses der Realität und ihrer filmischen Repräsentation weist durchaus satirische Züge auf und beinhaltet noch eine Medien- bzw. Gesellschaftskritik. Der Film verwahrt sich daher nicht gegen jegliche Referenz zu einem Außerfilmischen. Dabei wird deutlich, wie stark KUBRICK, NIXON UND DER MANN IM MOND auf ein europäisches Publikum zugeschnitten ist. Es wird gleich mit einer ganzen Reihe geläufiger Vorurteile über die Korrumpierbarkeit amerikanischer Spitzenpolitiker aufgewartet, die sich häufig in der europäischen Berichterstattung wiederfinden.

4.4 CITIZEN CAM

In den Programmankündigungen von ARTE zu KUBRICK, NIXON UND DER MANN IM MOND wurde darauf hingewiesen, dass der Film nicht als gewöhnliche Dokumentation aufzufassen ist. Dem aufmerksamen ARTE-Zuschauer, der eine Sendung interessiert von Anfang bis Ende verfolgt, wurde ein lehrreiches, dabei aber lustvolles Ratespiel versprochen. Der Film beinhaltet eine Reihe von Signalen, welche die Plausibilität der Darstellung torpedieren. CITIZEN CAM hingegen wurde von ARTE vor den Sendeterminen jeweils als dokumentarischer Kurzfilm und als Reportage angekündigt. Im Folgenden soll nun untersucht werden, ob auf der filminhaltlichen und -formalen Ebene von CITIZEN CAM vergleichbare Brüche als Hinweise auf den fiktionalen Charakter des Dargestellten gesetzt werden.

[337] Vgl. Kirchmann, Kay: *Zwischen Selbstreflexivität und Selbstreferenzialität. Zur Ästhetik des Selbstbezüglichen als filmischer Modernität.* In: Karpf, Ernst et. al. (Hgg.): Im Spiegelkabinett der Illusionen. Filme über sich selbst. Marburg: Schüren 1996. S. 82. Dabei liegt in dem Aufklärungsanspruch, der an die Filme erhoben wird bereits ein Widerspruch zu der Zuschreibung einer postmodernen Selbstreferentialität vor. Wenn den Filmen aber die Kompetenz zugesprochen wird, sie könnten Manipulationsmechanismen entlarven, dann verbirgt sich dahinter ein - selbst der Grunderfahrung der Moderne trotzender - Glaube an die Unterscheidungsmöglichkeiten zwischen filmischer Repräsentation und außerfilmischer Wirklichkeit, der von postmodernen Ästhetiken niheliert werden sollte.

4.4.1 Authentizitätseffekte der Interviewsituation

Auch in CITIZEN CAM wird die authentizitätssteigernde Funktion von Interviews exzessiv genutzt. Die Interviewsituationen sind dabei, anders als im ersten Beispiel, durchgehend inszeniert. Alle Interviewpartner werden von Schauspielern gemimt. Um den Eindruck von Authentizität zu steigern, wird die Spontanität der interviewten Personen betont. Zu Beginn werden die gesendeten Videobilder von HUMANI TV von einer Studentin kommentiert, die mitten in der Interviewsituation plötzlich begeistert aufspringt und sich winkend an ihr Wohnungsfenster stellt, weil ihre Straße gerade von einer Überwachungskamera gefilmt wird. Nicht die Autorität bzw. Prominenz der interviewten Persönlichkeit verleiht ihr hier Glaubwürdigkeit, sondern ihr authentisch anmutendes, spontanes Verhalten in einer scheinbar ungestellten Interviewsituation.

Viele Interviews finden außerdem an belebten Orten statt, in Cafés oder auf offener Straße. Das Arrangement des Bildraums lenkt dabei gelegentlich von der interviewten Person ab und steigert den Eindruck einer lebendigen, unverstellten Aufnahmesituation. Passanten im Bildhintergrund reagieren erstaunt auf die Anwesenheit der Kamera, sie bleiben häufig stehen und blicken in deren Richtung. Auch ihr Verhalten trägt somit zu dem Eindruck einer unverstellten Registrierung des Augenblicks bei. Ein Medizinstudent klagt am Tresen eines Cafés über Liebeskummer. Er habe über HUMANI TV mitansehen müssen, wie seine Freundin sich heimlich mit einem Fremden trifft und ihn offenbar betrügt. Hinter seinem Rücken stecken zwei weibliche Café-Gäste kichernd die Köpfe zusammen und reagieren damit sowohl auf das Erzählte, als auch auf die Aufnahmesituation, an der sie bewusst teilhaben.

Neben der Betonung der Aufnahmephase und dem authentischen Verhalten der Protagonisten, wird zusätzlich Glaubwürdigkeit durch den verantwortungsvollen Umgang mit dem Interviewmaterial suggeriert. In den Interviewsequenzen vorgenommene Schnitte werden durch kurze Blenden deutlich zur Anschauung gebracht. Die Bearbeitung des Rohmaterials, die eine Selektion aus dem tatsächlich Geäußerten notwendig macht, wird damit augenscheinlich. Die Eingriffe werden scheinbar absichtlich nicht durch Zwischenschnitte kaschiert. Auf der rezeptionsästhetischen Seite wird dem Zuschauer somit vorgeblich bereitwillig ein kleiner Einblick in die Arbeitsweisen und Selektionsentscheidungen des Interviewschnitts gewährt. Der Film gewinnt hierbei an Glaubwürdigkeit, weil er die manipulativen Möglichkeiten des Dokumentarfilmschnitts transparent macht und sich damit von einer fragwürdigen Praxis abgrenzt. Der Transparenzeffekt wird dabei gerade nicht auf der Ebene eines Unmittelbarkeitspostulats erzeugt, sondern durch die Offenlegung der sinnkonstitutiven Bearbeitung des Materials. Eine solcherart gestaltete Zurschaustellung der bearbeitenden Eingriffe wird gemeinhin als Ausweis einer verantwortungsvollen und aufrichtigen journalistischen Praxis gewertet.

4.4.2 Inszenierungsaufwand

Im Gegensatz zu KUBRICK, NIXON UND DER MANN IM MOND ist CITIZEN CAM mit einem erheblich höheren Inszenierungsaufwand verbunden. Sowohl die Darstellung der Schauspieler, die die Interviewpartner mimen, als auch die Gestaltung des Umfelds in der Interviewsituation wurden sorgfältig arrangiert. Die Sequenzen, in denen die Bilder der vermeintlichen Überwachungskameras gezeigt werden, mussten ebenso inszeniert werden, wie die Aufnahmen, die vorgeblich von dem fiktiven Kamerateam stammen. Neben diesen gestellten Elementen werden auch ungestellte Außenaufnahmen in Reykjavíks Straßen gezeigt, wobei nicht immer klar zu entscheiden ist, was inszeniert wurde und was nicht.

In einer Einstellung filmt eine Überwachungskamera das Filmteam. Diese Aufnahme scheint, durch eine rein phänomenologische Verdoppelung der Aufnahmesituation, das Kamerateam bei seiner Arbeit zu zeigen. Dadurch wird dem Zuschauer auch hier der Eindruck vermittelt, die Macher des Films hätten nichts zu verbergen. Allerdings führt dies zu einer Konfiguration, die bis ins Unendliche fortgeführt werden könnte, allein durch die stets bleibende Ungewissheit, wer hinter der Kamera steht, die aktuell das Bild liefert. Nur das sich hier die besondere Situation findet, in der das Kamerateam nicht von einem anderen Kamerateam gefilmt wird, sondern eine scheinbar neutrale, unintendierte Beobachtung durch die Mechanik der Überwachungskameratechnik stattfindet. Die Überwachungskamera tritt ganz im Sinne von Nichols als interesselose Aufzeichnungsapparatur in Erscheinung, die im Gegensatz zu dokumentarischen Bildern keine Bearbeitung vermuten lässt.

Der hohe Inszenierungsaufwand betrifft auch Details, die zusätzlich als Zeugen des Geschehens in Reykjavík herangezogen werden. So tragen manche Personen im Bildhintergrund ein T-Shirt mit der Aufschrift „Iceland-Eyesland“, das laut Filmkommentar von den Gegnern des Überwachungssystems getragen wird. Immer wieder werden Menschen gezeigt, die eine Maske tragen, die das Konterfei von Felix Bachmann darstellt. Diese Maske wird von den Gegnern des Senders genutzt, um gegen die Macht des Polizeichefs Bachmann zu demonstrieren und ihre Anonymität zu wahren, wenn sie auf den Straßen von den Überwachungskameras erfasst werden. Diese Details wirken, wenn man die Eulenspiegelei noch nicht durchschaut hat, als Beweis für die Existenz eines hartnäckigen Widerstands einer kleinen Gruppe von isländischen Hauptstadtbewohnern gegen die Fernsehüberwachung. Auch kleine Demonstrationszüge dieser Gegner werden gezeigt.

Durch die Einbindung der Berichterstattung anderer Medien über das Phänomen HUMANI TV wird dessen Existenz scheinbar zusätzlich beglaubigt. In einem Zeitungskiosk werden unterschiedliche Illustrierte und Zeitungen gezeigt, die Informationen über HUMANI TV oder Felix Bachmann auf ihrem Titelbild ankündigen. Die aufwendige Inszenierung geht somit bis zu einer Fälschung von Titelblättern einschlägiger isländischer Zeitschriften. Der Überwachungskanal scheint den Massenmedien viel Berichtenswertes zu liefern. Seine Beliebtheit bei einem breiten Publikum steigert offenbar den Bedarf an Informationen, die mit dem Sender zusammenhängen. Allerdings handelt es sich bei den Titelbildern der Zeitschriften, an denen die Kamera vorbeistreift, ausschließlich um Druckerzeugnisse isländischer Herkunft. Wären hingegen auch europaweit vertriebene Blätter dabei, könnten den ARTE- Zuschauern Zweifel darüber kommen, warum sie selbst noch nichts über das Überwachungsfernsehen gehört oder gelesen haben.

Im Film tauchen zwar Details auf, die man durchaus als Fiktionssignal lesen könnte, allerdings sind diese so unauffällig platziert, dass es eine hohe Aufmerksamkeit erfordert, sie überhaupt wahrzunehmen. Beispielsweise steht auf einer Mappe, die von einer Artdirektorin bei einem Interview vor der Kamera gestikulierend hin und her geschwenkt wird, in großen Lettern das Wort „Paranoia". Dieser Begriff lässt sich kaum in einen sinnvollen Zusammenhang mit der Werbefirma *ESKIMO* bringen, für die die Protagonistin arbeitet, wohl aber mit den Ängsten gegenüber der zunehmenden Überwachung des zivilen Alltags. Im Vergleich zu KUBRICK, NIXON UND DER MANN IM MOND sind solche versteckten Hinweise jedoch sehr dezent. Auf der Ebene der Filmgestaltung unterscheidet sich CITIZEN CAM von KUBRICK, NIXON UND DER MANN IM MOND somit durch den Versuch, den fiktionalen Status des Dargestellten nicht erkennbar zu machen. Es werden jedenfalls keine vergleichbaren Fiktionssignale gegeben, vom Abspann abgesehen. Diese filminterne Camouflage wurde durch die Programmankündigungen von ARTE unterstützt. Statt wie bei KUBRICK, NIXON UND DER MANN IM MOND bereits im Vorfeld eine gewisse Lektürehaltung anzuempfehlen, wird der Zuschauer über den fiktionalen Inhalt im Unklaren belassen.

4.4.3 Der Reportagestil

CITIZEN CAM nutzt eine journalistische Darstellungsform, die im Stil einer Reportage gehalten ist. Diese Form wird im Allgemeinen verwendet, um institutionelle, geographische, politische und soziale Distanzen zu überwinden und dem Rezipienten Fremdes bzw. Unbekanntes nahezubringen.[338] Im Gegensatz zur Geschichtsdokumentation, die Augenzeugenberichte nutzt, um ein historisches Ereignis faktografisch zu rekonstruieren, ist bei der Reportage die Augenzeugenschaft der Journalisten selbst, ihre Teilnahme am Ereignis Voraussetzung. Der subjektiv gefärbte Tatsachenbericht gibt das Beobachtete einerseits faktisch, „andererseits mit persönlichen Eindrücken und Empfindungen“[339] wieder. In diesem Zusammenhang gibt u.a. die erwähnte Aufnahme der Überwachungskamera, der sich das Filmteam in CITIZEN CAM offenbar unfreiwillig ausgeliefert sieht, einen Einblick in die Befindlichkeiten der Filmemacher angesichts der allgegenwärtigen Beobachtung. Als Vorläufer der Reportage gelten der Augenzeugen- und Reisebericht. Schon Herodot hat über seine Reisen zwischen 450 und 435 v. Chr. nach Ägypten, Kleinasien und Oberitalien in Form einer tatsachenbetonten Schilderung berichtet. Auch der in Briefform verfasste Augenzeugenbericht des Gajus Cicilius Plinius über das Erbeben in Pomeji wird häufig als Urform gewertet. Durch eine zunehmende Literarisierung im Laufe des 18. Jahrhunderts bricht dann ein Streit über die Notwendigkeit eines verbindlichen Realitätsgehalts des Berichteten aus.[340] Im England zur Zeit der *Glorious Revolution* (1679 - 1689) setzte eine „regelmäßige Parlamentsberichterstattung durch den journalistischen Augenzeugen“[341] ein, wobei die „publizistische Aufgabe“ im Wesentlichen darin gesehen wurde, „die Bürger am Geschehen mittelbar teilhaben zu lassen“ und

---

[338] Vgl.: Haller, Michael: Art. *„Reportage/Feature.“* In: Weischenberg et. al., 2005. S. 405 - 411.
[339] Ebd. S. 405.
[340] Vgl. ebd. S. 406. In der literarischen Romantik wurde die Form des Reiseberichts häufig gewählt, um phantastische Elemente in die Erzählung einzubringen.
[341] Haller, Michael: Die Reportage. 5., überarb. Aufl. Konstanz: UVK 2006. S. 32.

zwar „insbesondere dann, wenn die unmittelbare Publikumsöffentlichkeit ausgeschlossen wurde“.[342] Dieser Blick hinter die Fassaden eines undurchschaubaren Systems bleibt bis heute als proklamiertes journalistisches Anliegen der Reportage bestehen.[343] Aufgabe der Reportage ist also mithin, gegenüber einer undurchsichtigen Oberfläche für Transparenz, für „Durchblick“ zu sorgen. Außerdem sind die Parallelen zu Griersons Vorstellung von einer partizipativen Bürgerdemokratie durch Aufklärung und Belehrung bietende publizistische Organe deutlich zu erkennen. Sie lassen sich weiterhin ziehen zu Bill Nichols' Idealvorstellung der Dokumentarfilmpraxis.

CITIZEN CAM beginnt *in medias res* mit dem Interview der isländischen Studentin, die begeistert die Livebilder von HUMANI TV kommentiert. Der Zuschauer wird somit direkt, ohne nähere Informationen erhalten zu haben, mit der Alltäglichkeit der Überwachung konfrontiert. Darauf folgt eine kurze Interviewsequenz mit dem Polizeichef von Reykjavík, Felix Bachmann, der gleichzeitig der Chef des neuen Fernsehsenders ist. Er führt die Beliebtheit des Senders, der laut Filmkommentar seit Sendebeginn im Dezember 1996 alle Einschaltquotenrekorde in Island gebrochen habe, auf das egalitäre Grundprinzip des Kanals zurück. HUMANI TV sei ein Sender für alle Bürger.

Dadurch dass immer nur unmittelbar Betroffene als Zeugen zu Wort kommen, die ihre Alltagserfahrungen schildern und ihren Empfindungen Ausdruck verleihen, wird die Glaubwürdigkeit des Dargestellten gesteigert. Der Film changiert lange zwischen den Positionen der Gegner und Befürworter des Überwachungsfernsehens, wobei die Argumente unkommentiert nebeneinander stehen. Dadurch wird der Eindruck einer Ausgewogenheit der Berichterstattung vermittelt. Dem Zuschauer wird zunächst keine Meinung, durch eine zusätzliche Kommentierung, aufgedrängt. Der off-Kommentar moderiert lange Zeit nur zwischen den Redebeiträgen der Opponenten. Durch Geräusch- und Musikeinsatz wird jedoch, schon von Beginn des Films an, eine Drohkulisse aufgebaut, besonders dann wenn die Überwachungskameras scheinbar wehrlose Bürger unfreiwillig zu Opfern der Bewachung macht.

Eine Amateurtheatergruppe nutzt die Omnipräsenz der Überwachungskameras zur Selbstdarstellung und zur Inszenierung einer Soap Opera, die sich den Bedingungen des Überwachungsfernsehens anpasst und die Sequenzen nach der Reihenfolge der jeweils zugeschalteten Kamera plant, um die narrative Gestaltung nahtlos in diese

[342] Ebd. S. 33.
[343] Vgl. ebd. S. 109.

Abfolge einzufügen. Damit wird ein klassisches Format der gewöhnlichen Fernsehunterhaltung zu einer anspruchsvollen Herausforderung für das Inszenierungstalent ambitionierter Amateure. Scheinbar fordert der Sender sein Publikum durch seine Sendestruktur dazu heraus, Programminhalte selbst aktiv mitzugestalten.

Eine alte Frau erklärt, sie könne dem Sender deswegen so viel Positives abgewinnen, da er sich durch fehlende Werbeunterbrechungen und einem starken regionalen Bezug auszeichne.

Die Gegner sehen die Überwachung demgegenüber als Verletzung ihrer Grundrechte und betonen die negativen Auswirkungen auf das soziale Leben. Die Bewohner würden sich unnatürlich verhalten und sich selbst in hohem Maße disziplinieren um nicht aufzufallen, denn abweichendes Verhalten werde sanktioniert.

Nach und nach mischen sich auch kritische Einschätzungen über die Wirkung des Senders in die Gegenüberstellung. Vorgebracht werden sie von unabhängigen Personen, die offenbar kein Interesse für oder gegen den Sender verfolgen, wie etwa eine Psychoanalytikerin. Selbst ein Polizist äußert sich kritisch, da der Überwachungssender Exhibitionismus provoziere und es zu Zwischenfällen käme, bei denen die Polizei durch fingierte kriminelle Handlungen und Gewalt getäuscht werde. So verändert sich der Grundton zunehmend hin zu einer Ablehnung des TV-Projekts. An den scheinbar objektiv gehaltenen Tatsachenbericht, der zunächst eine Ausgewogenheit der Berichterstattung suggeriert, schließt sich ein subjektiv gefärbter Erfahrungsbericht an.

Erst nach einem Fünftel des Films wird die Verschwörungsthese aufgestellt. Anders als bei KUBRICK, NIXON UND DER MANN IM MOND wird der Proklamation der Verschwörungstheorie ein längerer Vorlauf gelassen, wobei sowohl auf der filmformalen wie -inhaltlichen Ebene die Glaubwürdigkeit des Films affirmiert wurde. Auch hier gelingt die Aufdeckung der Verschwörung durch einen Zufallsfund. Das Drehteam stößt während der Dreharbeiten durch die Mithilfe der Gegner von HUMANI TV auf Abhöreinrichtungen und deckt schließlich verborgene Machenschaften auf. Die rein investigative Aufklärung des Komplotts wird daher mit keiner interessegesteuerten Sensationsgier, sondern mit einer, dem journalistischen Berufsethos verpflichteten, Produktionspraxis verknüpft. CITIZEN CAM ließe sich daher genauer als aufdeckende Reportage umschreiben, denn diese

„verwertet investigativ beschaffte Informationen und beschreibt (soziale) Missstände, rekonstruiert Entstehungsgeschichten, schildert die Situation der Betroffenen und nennt die Verantwortlichen."[344]

4.4.4 Welt- und Medienwissen

Reykjavík ist die nördlichste Hauptstadt Europas. Diese periphere Lage führt dazu, dass man wenig über die Lebensumstände und -gewohnheiten der Isländer weiß. Aus diesem Grund bietet sich auch die Form der Reportage für das Thema an, denn die Abgelegenheit des Kleinstaats, dem scheinbar auf der großen Weltbühne wenig Aufmerksamkeit geschenkt wird, macht Island zu einem Stellvertreter des Unbekannten und Entfernten, welches den Zuschauern mit den entsprechenden journalistischen Mitteln nahegebracht werden soll. Auch vom Filmkommentar wird betont, dass es wenig Berichtenswertes über die Hauptstadt der Insel gäbe, denn man habe in Reykjavík keine Probleme im eigentlichen Sinn, wie Kriminalität oder Umweltverschmutzung. Im Bewusstsein der Medienöffentlichkeit ist Reykjavík somit ein relativ unbeschriebenes Blatt.

Umso mehr ist dafür die Legitimierung einer Überwachung des zivilen Alltagslebens ein viel diskutiertes Thema und dürfte beim Publikum auf eine hohe Sensibilität und damit auf Aufmerksamkeit stoßen. Hinzu kommt, dass das vermeintliche Pilotprojekt eines Überwachungsfernsehens in einem europäischen Land gestartet wurde, also innerhalb einer relativ abgegrenzten Staatengemeinschaft, deren Selbstverständnis sich auf einen Wertekonsens stützt. Gefahr und Nutzen einer zivilen Überwachung sind auch auf der europapolitischen Ebene häufig Gegenstand von Verständigungsdebatten. Da kulturelles Wissen laut Schmidt immer schon reflexiv ist, fördert es zur Konstituierung eines Selbstverständnisses „auch normative und affektive Bestandteile [...] sowie damit gesellschaftlich verbundene Motivationen und Handlungsziele".[345] Felix Bachmann verspricht am Ende von CITIZEN CAM dem deutschen (!) Kamerateam, dass es eines Tages auch in ihrem Land einen Sender geben wird, der offenbaren werde, was die Polizei momentan noch verbirgt. CITIZEN CAM wurde jedoch von einem isländisch-französischen Team gedreht, das

[344] Haller, 2005. S. 408.
[345] Schmidt, 1996. S. 239.

deutsche Team ist reine Fiktion. Deutschland hat jedoch im Gegensatz zu dem europäischen Nachbarstaat Frankreich und zu Island einschneidende geschichtliche Erfahrungen mit einer umfassenden Überwachungsstaatlichkeit im Dritten Reich und der DDR gemacht. Diese Implikationen eines historischen Erfahrungshorizonts des ARTE-Publikums lässt jede Form der zivilen Überwachung verdächtig werden. Felix Bachmann strengt selbst den Vergleich mit totalitären Systemen an, wehrt ihn jedoch zugleich ab, indem er auf die Transparenz des isländischen Modells verweist, die ihn scheinbar von jeglichem Rechtfertigungsdruck enthebt. Das Versprechen der Durchsichtigkeit kann dabei jedoch nicht den auf etwaige verborgene Beweggründe gerichteten Verdacht ausräumen. Diese Ahnung wird gegen Ende des Films durch die Aufdeckung der Verschwörung bestätigt.

Wie auch schon bei KUBRICK, NIXON UND DER MANN IM MOND stehen die USA im Zentrum des Verdachts, denn die amerikanische Spionagebehörde NSA (National Security Organisation), die „wesentlich diskreter vorgeht, dafür aber wesentlich mächtiger ist als die berühmte CIA“, wie es im Film heißt, habe ein weltumspannendes Abhörsystem installiert, das alle Privatgespräche sowohl auf der Nord- wie auf der Südhemisphäre der Erde aufzeichne, auswerte und archiviere. Mit HUMANI TV sei nun ein Modellprojekt angelaufen, das zusätzlich zu der auditiven Überwachung die visuelle Erschließung hinzufüge und daher bald in die ganze Welt exportiert werden solle. Die Vorurteile einer europäischen Zuschauerschaft gegenüber der Politik der Vereinigten Staaten fungiert hier erneut als eine Grundlage für die Plausibilisierung der Ausführungen. Ähnlich wie bei KUBRICK, NIXON UND DER MANN IM MOND stehen dabei die Machenschaften eines amerikanischen Geheimdienstes im Zentrum der Verschwörungstheorie. Da es zu den Funktionsbedingungen eines Geheimdienstes gehört, verdeckt zu operieren, wird er zum idealen Angriffspunkt für Verdächtigungen und Verschwörungstheorien. Die höchste Machtinstanz bleibt in CITIZEN CAM unsichtbar, denn wo bzw. bei wem im Verborgenen die Fäden der Überwachung zusammenlaufen bleibt offen. Vermutlich ist der Geheimdienst nur ein ausführendes Organ höherer Machtinteressen, wie in KUBRICK, NIXON UND DER MANN IM MOND. Diese Frage bleibt jedoch ungeklärt. Durch die hier auftretende Leerstelle lässt sich die Verschwörungstheorie nicht so einfach von der Hand weisen und der Verdacht lässt sich nicht ohne weiteres ausräumen.

Es wird auf ein entsprechendes Medienwissen rekurriert, um die Plausibilität des Dargestellten zusätzlich zu beglaubigen. Wie bereits erwähnt, nutzt der Film die glaubwürdigkeitssteigernde Wirkung einer phänomenologischen Reflexivität, durch die der Eindruck entsteht, die Produktionsbedingungen würden transparent gemacht. Durch die sichtbaren Schnitte in den Interviewsequenzen wird zudem die Bearbeitung des Materials ersichtlich. Laut Hohenberger ist das Verhältnis zwischen vorfilmischer und nichtfilmischer Wirklichkeit die ideologisch problematischste Stelle der dokumentarischen Realitätsvermittlung. Ein Film, der seine Gemachtheit als Film verbirgt und vorgibt die Realität abzubilden, zieht demnach den schärfsten Verdacht auf sich. Im Umkehrschluss hieße das: ein dokumentarischer Film, der Einblicke gewährt in seine Konstruktionsweise, kann für sich Glaubwürdigkeit beanspruchen. Dieser Mechanismus wird in CITIZEN CAM fruchtbar gemacht, um ihn später desto wirkungsvoller als rezeptionsästhetischen Effekt zu enttarnen.

4.4.5 Fazit

Als zentraler Grund für die Einrichtung des Senders HUMANI TV wird die Notwendigkeit genannt, dem Bedürfnis verunsicherter Bürger nach Transparenz nachzukommen. Der Filminhalt will darüber aufklären, dass jene Motive, die wirklich hinter dem Betreiben von HUMANI TV stehen sowie die durch die Recherche des Fernsehteams zu Tage geförderten geheimen Abhöreinrichtungen, von einer vordergründigen Durchsichtigkeit der Senderstrukturen verdeckt werden. Durch die Rahmung und die formale Gestaltung wird dem ARTE-Zuschauer zunächst keine fiktivisierende Lektüre nahegelegt; es findet im Gegenteil eine Verstärkung des Authentizitätseindrucks statt. Dazu trägt nicht nur die hohe Detailgenauigkeit bei der Inszenierung der Aufnahmesituationen im Film bei, sondern vor allem auch die Paratexte von ARTE, die CITIZEN CAM sogar ausdrücklich als dokumentarisch ausweisen.

Die Entscheidung bei der Formwahl dürfte auf die Reportage gefallen sein, weil es zu dem Grundanliegen dieser Darstellungsform gehört, den Rezipienten über ihm bisher Verborgenes oder Unbekanntes aufzuklären. Dies wird durch die investigative Ausrichtung von CITIZEN CAM zusätzlich betont.

Wenn man den Film als fiktional durchschaut hat, kann man ihn zusätzlich als Hinweis darauf verstehen, dass eine phänomenologische Transparenz immer nur das Resultat einer medialen Vermittlung sein kann und daher keine Gewähr gegen eine Täuschung des Rezipienten liefert. So ist CITIZEN CAM ein Film, dem zwar mediendidaktische Qualitäten zugesprochen werden können, diese liegen jedoch nicht ausschließlich im Anschauungsunterricht über den dokumentarischen *ethos*, sondern vielmehr in der Verdeutlichung, dass bei einer medial vermittelten Repräsentation von Realität niemals vollständige Transparenz erreicht werden kann. Der Glaube an die aufklärerischen Möglichkeiten einer Durchbrechung der jeweiligen Medialität wird somit problematisiert.

4.5 Resümee: Medien, Macht, Manipulation – *Mockumentaries*?

In KUBRICK, NIXON UND DER MANN IM MOND und CITIZEN CAM findet sich auf inhaltlicher Ebene eine Machtkritik angesichts der Manipulierbarkeit der Medien und dem Vertrauen, das ihnen von der Öffentlichkeit entgegengebracht wird. Die Medien werden dabei durch externe Machtinstanzen (amerikanischer Präsident / Polizeichef von Reykjavik) benutzt, um durch sie symbolisches Kapital für die Machterhaltung zu gewinnen (Inszenierung der Mondlandung) oder um einen Sachverhalt zu vertuschen (umfassendes Überwachungsnetzwerk). Bei KUBRICK, NIXON UND DER MANN IM MOND wird dabei die ontologische Zuschreibung an die Evidenz einer filmischen Repräsentation der Realität in Frage gestellt, während in CITIZEN CAM das Dispositiv Fernsehen im Mittelpunkt steht, das als wirklichkeitskonstruierender Aufmerksamkeitsmagnet die Bürger von der Beschneidung ihrer elementaren Grundrechte ablenkt. Was diese Filme jedoch von Mediensatiren wie WAG THE DOG unterscheidet, ist der Versuch, gewisse Authentizitäts- und rhetorische Glaubwürdigkeitseffekte der dokumentarischen Formen zu kopieren, um sich schließlich selbst als Täuschung zu denunzieren. Die inhaltliche Auseinandersetzung mit dem Täuschungs- und Manipulationsverdacht gegen Medien wird somit von den Filmen selbst als Täuschung vollzogen. Warum wird hier zusätzlich noch die Form des *mockumentary* gewählt um sich kritisch mit dem Manipulationspotential von Medien auseinanderzusetzen? Warum belässt man es nicht einfach bei einer machtideologischen Medienkritik?

Offenbar erfüllen *mockumentaries* spezifische Funktionen, die von keiner anderen Form derart erfüllt werden können. Die beiden hier untersuchten *mockumentaries* unterscheiden sich stark darin, wie sie mit dem Verhältnis zwischen Faktizitätsanspruch und Fiktionsaufdeckung umgehen. Dabei hat sich herausgestellt, dass die paratextuellen Rahmungen von ARTE entsprechend angepasst wurden, sodass es auch bei den Paratexten große Unterschiede gibt. Der Sender hat also versucht, die Wirkung der Filme über deren Grenzen als disparate Programmpunkte hinaus zu beeinflussen bzw. zu verlängern. KUBRICK, NIXON UND DER MANN IM MOND wurde als spielerische Auseinandersetzung mit kontingenten Wirklichkeiten angekündigt, wobei eine Lösung des Rätsels am Ende des Films schon in Aussicht gestellt wurde. Der Film selbst bietet dem Zuschauer etliche Anhaltspunkte, sowohl auf der inhaltlichen als auch auf der filmformalen Ebene, die die Plausibilität untergraben und den Zuschauer dazu veranlassen an der Richtigkeit des Dargestellten zu zweifeln.

Wie gezeigt wurde ist es zweckmäßig, den medialen Kontext zu berücksichtigen. Das Fernsehen tritt als Dispositiv in Erscheinung, welches bestimmte Themen abhandelt und dabei historiografische Funktionen übernimmt, indem es Ereignisse einordnet, deutet, mit Sinn versieht und abschließt. Dass diese historiografischen Operationen nicht mit denen der Geschichtswissenschaften gleichzusetzen sind, wurde weiter oben bereits besprochen. Tritt ein Ereignis, das als abgehandelt gilt, wieder im Fernsehen auf, geschieht dies meist im Modus des Rückblicks. Dabei werden dem Ereignis selten neue Aspekte abgewonnen, es wiederholt sich lediglich die Deutungsstruktur in ihrer Abgeschlossenheit. Es kann jedoch auch vorkommen, dass die Abgeschlossenheit des Ereignisses selbst brüchig wird und dass deswegen eine neue Auseinandersetzung stattfinden muss. Das Ereignis wird dann reaktualisiert. Die Mondlandung scheint einen prototypischen Fall für beide Varianten abzugeben. So wurde im Juli des vergangenen Jahres dem vierzigjährigen Jubiläum der Mondlandung in einer Reihe von Geschichtsrückblicken gedacht. Zeitgleich eschauffierte sich Harald Lesch, Professor für theoretische Astrophysik, auf dem Bildungskanal BAYERN ALPHA darüber, dass es immer wieder Beiträge im Fernsehen gäbe, die die Echtheit der Mondlandung anzweifelten. Durch den Verdacht gegenüber einem historischen Faktenversprechen bleibt das Ereignis zunächst unabgeschlossen und drängt auf eine reaktualisierende Deutung. KUBRICK, NIXON UND DER MANN IM MOND wurde am Jubiläumstag der Mondlandung zur besten Sendezeit um 21 Uhr vom Bayerischen Fernsehen (BR) ausgestrahlt. Durch das Aufgreifen von Verschwörungstheorien wird in diesem Fall das Ereignis nicht einfach nur wiederholt, sondern scheinbar reaktualisiert, wobei kurzzeitig eine Kontingenz aufscheint, da die Verschwörungstheorien zunächst offenbar belegt werden. Der Darstellungsmodus des *mockumentary* leistet hier zum einen die Aufgabe, das Ereignis mit den Verschwörungstheorien zu konfrontieren und ihre absolute Unzulänglichkeit als

Erklärungsmodell auszustellen. Dies könnte jedoch auch durch einen Beitrag von Prof. Dr. Harald Lesch geleistet werden. Die Besonderheit des *mockumentary* besteht darin, den Zuschauer scheinbar aktiv in die Wahrheitsfindung mit einzubeziehen. Man muss nicht einem Professor der Astrophysik dabei folgen, wie er über die physikalische Beschaffenheit der Mondgesteinsproben doziert. Ganz wie bei Brecht werden die Zuschauer *aktiviert*, um einen Verstehensprozess nachzuvollziehen, der durch Rezeptionshinweise programmiert wird. Die Zuschauer werden vordergründig zur Sinnkonstruktion herausgefordert, die darin besteht, die Fiktionssignale in Richtung auf eine bestimmte Lektüre zu erkennen und diese zu vollziehen. Die geistige Herausforderung des ambitionierten Zuschauers ist dabei genau das, was im weiter oben besprochenen Programmkonzept von ARTE als ein zentrales Element proklamiert wird.

Der maßgebliche Unterschied zwischen den beiden *mockumentaries* kann im Umgang mit den jeweiligen Darstellungsmethoden zur Glaubwürdigkeitssteigerung gesehen werden. In KUBRICK, NIXON UND DER MANN IM MOND werden dokumentarische Authentizitätsstrategien wortwörtlich vorgeführt, denn sie werden im Verlauf des Films durch Brüche demontiert. Die Möglichkeit der Manipulation mit Hilfe wirkmächtiger Verfahren, wie der Beglaubigung der Zeitzeugenberichte durch Archivmaterial, wird ausgestellt. Aus diesem Grund könnte dem Film das Prädikat „lehrreich" zugesprochen werden, weil die entsprechenden manipulativen Funktionsweisen dem Zuschauer *während* der Rezeption vor Augen geführt werden.

In CITIZEN CAM hingegen werden gerade solche Repräsentationsmodi verwendet, die den Eindruck einer journalistischen Aufrichtigkeit entstehen lassen, ohne dass diese Strategie dabei filmintern als Täuschungsmanöver dekuvriert wird. Der Film arbeitet teilweise mit reflexiven Elementen und orientiert sich damit an einer Ästhetik, die per Zuschreibung die Glaubwürdigkeit der Darstellung unterstützt. Auch in den senderinternen Ankündigungen werden keine expliziten Hinweise auf den fiktionalen Status des Dargestellten gegeben. Der Zuschauer wird daher nicht in eine Wahrheitsfindung einbezogen, welche die Täuschung durchschaubar macht, sondern bleibt offenbar zunächst dazu angehalten, dem Inhalt des Films Glauben zu schenken. Umso größer mag die Irritation bei der Auflösung durch den Abspann ausfallen. Auch diese Wirkung würde sich jedoch mit dem ARTE-Profil decken, denn bei der Herausforderung seiner Zuschauer schreckt der Sender, wie weiter oben dargelegt wurde, nicht vor der Gefahr zurück zu provozieren - im Gegenteil.

Die Verschwörungstheorie wird am Ende von CITIZEN CAM nicht vollständig widerlegt. Mit dem augenzwinkernden Hinweis, dass alles gelogen sei, bis auf die bestehende Bedrohung einer tatsächlichen Überwachung, für die die Echelon-Radome zum Schluss symbolisch stehen, wird der Verdacht wach gehalten. Der Film hinterlässt somit eine Verunsicherung, da die Möglichkeit einer Verschwörung tendenziell bestehen bleibt. ARTE stellt seine Bereitschaft zum Einsatz innovativer und provokanter Mittel unter Beweis, wenn es darum geht, Kritik zu üben und das öffentliche Problembewusstsein zu sensibilisieren. Die entstandene Irritation dürfte zusätzlich dafür gesorgt haben, dass ARTE sein Profil als progressiver, kritischer Sender schärfen konnte. Der *mockumentary* generierte somit Aufmerksamkeit für das Programmangebot von ARTE. Diese Art von Werbeeffekt kann somit als eine weitere Funktion von *mockumentaries* in der hier vorgestellten erweiterten Perspektive gesehen werden.

Während also KUBRICK, NIXON UND DER MANN IM MOND eher einen amüsanten Aufklärungsunterricht über Manipulationsmechanismen liefert, dient CITIZEN CAM der Irritation und der Erzeugung von Aufmerksamkeit. Beide Filme übernehmen im Zusammenhang mit der von ARTE angestrebten Revision des Sender-Images eine strategische Funktion für den Kulturkanal. ARTE vertritt als öffentlich-rechtlicher Sender in Selbstbeschreibungen einen journalistischen *ethos*, der Sorgfalt bei der Recherche und Qualitätssicherung bei der Faktenaufbereitung garantieren soll. Darüber hinaus aber versucht man aus Gründen der Zuschauerbindung ein attraktiveres Angebot bereitzustellen, das herkömmliche Sehgewohnheiten durchbricht. Die Zuschauer sollen dabei nicht zu passiven Empfängern einer Wissensvermittlung degradiert, sondern von Zeit zu Zeit sogar gezielt mit Provokationen überrascht werden.

Auffällig ist, dass in beiden Filmen eine Verschwörungstheorie aufgestellt wird. Verschwörungstheorien verfügen über keine eigene Beweisführung, weil das Aufstellen überprüfbarer Aussagen die gesamte Theorie in sich zusammenstürzen lassen würde. Um sich gegen Zweifel zu schützen, wird jede Kritik sofort absorbiert, indem sie zu einem weiteren Beweis für die Realität der Verschwörung erklärt wird. „Eine dunkle Verschwörung" wird „durch die Leugnung ihrer Möglichkeiten nur zusätzlich begünstigt."[346] Verschwörungstheorien zeichnen sich dadurch aus, dass der Verdacht, den sie bedienen und aufrechterhalten, niemals mittels der Theorien selbst

[346] Groys, 2000. S. 32.

auszuräumen ist. Dabei dienen auch sie dem Zweck, eine undurchdringlich scheinende Fassade zu durchbrechen und vermeintlich verborgene Strukturen sichtbar zu machen.

Bei der Realitätsvermittlung im öffentlich-rechtlichen Fernsehen wird möglichst versucht, den Manipulationsverdacht von sich abzulenken. Ob man nun hinter der medialen Zeichenoberfläche des Fernsehens eine Verschwörung wittert oder nicht, ist in diesem Zusammenhang nicht relevant. Fest steht, dass sich Medialität durch eine gewisse Unhintergehbarkeit auszeichnet, die sich niemals vollständig auflösen lässt - sei es auf Ebene der Repräsentationen selbst oder der sie bedingenden Selektionsmechanismen. Wenn die Sendeanstalten nun aber selbst als Kolporteure von Verschwörungstheorien um den massenmedialen Manipulationsverdacht auftreten, dann lässt sich vermuten, dass es nicht wirklich in ihrem Interesse liegt, die eigene Integrität zu untergraben.

5. Schlussbetrachtung: *Mockumentaries* als Strategien der medialen Selbstbespiegelung

Die exemplarische Analyse hat mittels der erweiterten Perspektive gezeigt, dass *TV-mockumentaries* mehrere Funktionen ausüben können. Die bisherigen Forschungsansätze lassen demgegenüber eine systematische Betrachtung der kontextuellen Faktoren des Kommunikationszusammenhangs vermissen. Für eine Klärung der Frage nach den Funktionen von *mockumentaries* ist eine einseitige Fixierung auf rein filmzentrierte oder - semiotisch gesprochen - textorientierte Analyse nicht zielführend, da Glaubwürdigkeitseffekte auch maßgeblich von verbürgenden Instanzen, sozusagen von den Rändern her, generiert werden können.

Die angesprochenen Forschungsbeiträge lassen sich in einen Traditionszusammenhang einordnen, der sich durch die Adaption Brecht'scher Verfremdungstheorien herausgebildet hat. Brecht wandte sich gegen die Zementierung eines literarischen Realismusideals, in welchem die Darstellung gegenüber dem Erzählten in ihrer Transparenzfunktion aufgeht. In den siebziger Jahren griffen Filmsemiotiker seine Thesen auf und wandten sich gegen das Darstellungsparadigma eines filmischen Oberflächenrealismus. Dokumentarische Filme blieben von dieser Kritik jedoch zunächst ausgenommen. Erst Bill Nichols weitete die Betrachtung im Hinblick auf konventionalisierte Repräsentationsmodi des Dokumentarfilms aus. Im Zuge dessen wurde der progressive Filmtext als einer verstanden, der sich immer schon selbst als Produkt reflektiert. Eine phänomenologische Reflexion der eigenen Darstellungsbedingungen wurde - von Theorie und Kritik gleichermaßen - als subversiver Akt gefeiert. Die weitgehende Gleichsetzung von Reflexion und Subversion der bisherigen Forschungsüberlegungen zu *mockumentaries*, die sich mehrheitlich auf Nichols beziehen, leitet sich aus diesem historischen Verständnis ab.

Die Authentizität der dokumentarischen Repräsentationsverfahren lässt sich als wirkungsästhetischer Effekt beschreiben. Die Erwartungen an eine abbildrealistische filmische Erschließung der Welt haben sich in der frühen Filmgeschichte diskursiv herausgebildet. Dabei hat sich im weiteren Verlauf eine Ausdifferenzierung ergeben, die - obgleich nicht evolutorisch - zu einer Vielzahl von Formausprägungen der dokumentarischen Vermittlungsstrategien geführt hat. Neue Formen bilden sich demnach jeweils durch Abgrenzung gegenüber erstarrten Darstellungskonventionen, um so den Eindruck größerer Aufrichtigkeit und Wahrhaftigkeit zu befördern. Das „Diktum von der Antikonventionalität des Realismus“[347] lässt sich somit auch für die Stilgenese des dokumentarischen Films nachweisen. Obwohl der Verdacht die dokumentarischen Darstellungsmodi immer schon begleitet hat, scheint sich eine zunehmende Erschütterung des Vertrauens in eine selbstevidente Repräsentation, etwa durch digitale Bildgebungsverfahren, bemerkbar zu machen. Bei der Faktenaufbereitung wiederum werden orientierungsbietende Gattungsgrenzen durch eine zunehmende Tendenz zur Hybridisierung perforiert. Es müssen daher Glaubwürdigkeitsstrategien zum Einsatz gebracht werden, die ein nicht mehr selbstverständliches Garantieversprechen zu resituieren helfen. Die Gewährleistung der authentischen Darstellung wird von verbürgenden Instanzen übernommen, die mit einem entsprechenden *ethos* ausgestattet sind. Um semantische Kontinuitätsunterstellungen zu umgehen, wurden im Rahmen der hier vorgenommenen Argumentation auch historische Implikationen des Authentizitätsbegriffs bedacht. Die Notwendigkeit diskursiver Glaubwürdigkeitszuschreibungen im entsprechenden Kommunikationszusammenhang führte zu einer Reaktualisierung der Rhetorik als attraktives Erklärungsmodell. Hier hat Bill Nichols die Verwandtschaft der dokumentarischen Vermittlungsstrategien zu Funktionsweisen der Rhetorik nicht konsequent zu Ende gedacht. Gerade weil durch mediale Vermittlungsprozesse die Wirklichkeit konstruiert, verfügbar gemacht und nicht einfach nur abgebildet wird, gilt es diesen Zusammenhang aber zu erkennen. Aus Sicht der vorgetragenen Argumente wird die Rhetorik nicht als Richtliniensammlung oder Anwendungswissen verstanden, sondern als eine Möglichkeit „mit Ungewissheit [sic] umzugehen, ihr Ausmaß zu reduzieren“ und „sie erträglicher zu machen“.[348] Der Versuch einzelner Filmsemiotiker aus den Rhetoriklehren Funktionsregeln zu gewinnen, die auf den Film zu übertragen wären, lässt sich auf ein Verständnis zurückführen, wonach die Rhetorik als verbindliches Regelsystem aufzufassen wäre. Geht man hingegen davon aus, dass es kein „homogenes und verbindliches System“[349] der Rhetorik gibt, scheint es sinnvoller, die divergenten Modelle nach ihren Vorraussetzungen und Grundannahmen zu befragen. Dabei hat sich herausgestellt, dass die Rhetorik des Aristoteles Hinweise darauf liefert, wie wichtig der *ethos* für eine Kommunikationssituation ist, der es an Evidenz mangelt. Diesem Umstand wurde auch in der hier vorgenommenen Betrachtung des medialen Kontextes Rechnung getragen. Während sich der Kinofilm „als Einzelwerk in gewissem Sinne vornehmlich immanent plausi-

[347] Kohl, 1977. S. 226.
[348] Niehues-Pröbsting, 2000. S. 343.
[349] Ostermann1999. S.33.

bilisieren muss",[350] ist beim Fernsehen die institutionelle Verankerung immer mitzudenken. Angesichts restriktiver Vorgaben der Fernsehauswertung scheinen die Dokumentationen im televisuellen Kontext, im Gegensatz zu einem als frei und unabhängig deklarierten Autorendokumentarfilm, vor einem *ethos*-Problem zu stehen.

Auffällig ist, dass der überwiegende Teil von *TV-mockumentaries*, der im Rahmen dieser Studie Erwähnung fand bzw. bei der Sondierung des Themas zusammengetragen wurde, im öffentlich-rechtlichen Fernsehen ausgestrahlt wurde.[351] Während die privaten Programmanbieter mit immer neuen Formatierungen und Hybridformen aufwarten, welche die Grenzen zwischen faktischen und fiktionalen Elementen zunehmend auflösen, distanzieren sich die öffentlich-rechtlichen von einer solchen Praxis in Selbstdarstellungen. Die Popularität von Docusoaps und ähnlich Hybridformaten scheint sich dabei für die Privaten ohne Glaubwürdigkeitsverluste auszuzahlen. Im Gegensatz zum öffentlich-rechtlichen Rundfunk haben sie auch keinen dezidierten bildungspolitischen Auftrag, der eine Verpflichtung gegenüber dem eigenen *ethos* festschreiben würde. Während die gebührenfinanzierten Kultursender 3SAT und ARTE mit einer Herausforderung für die Sehgewohnheiten der Zuschauer werben, bringt der private Fernsehsender PRO SIEBEN sein Selbstverständnis in dem Slogan „*We love to entertain you*" zum Ausdruck.

Die öffentlich-rechtlichen Sender stehen demgegenüber zusätzlich unter Legitimationsdruck. Um ihr Profil gegen die privatwirtschaftlich organisierten Sender zu stärken, grenzen sich die öffentlich-rechtlichen durch Berufung auf ihren gesellschaftlichen Informations- und Bildungsauftrag ab.

Im Zusammenhang mit diesem Alleinvertretungsanspruch der öffentlich-rechtlichen Sender müssten jedoch auch populäre Comedyserien wie STROMBERG,[352] die häufig als *mockumentary* bezeichnet werden, auf ihre Funktionen untersucht werden. Das Autorentrio Lipkin, Paget und Roscoe schreibt der britischen TV-Serie THE

[350] Doll, 2009. S. 283.

[351] Die untersuchten *TV-mockumentaries* OPERATION LUNE und CITIZEN CAM wurden sogar von französischen und deutschen öffentlich-rechtlichen Rundfunkanbietern produziert und nicht nur allein von ihnen ausgestrahlt.

[352] 2004 lief die erste Staffel mit acht Folgen auf ProSieben an, ab 2005 wurde die zweite Staffel ausgestrahlt, die wegen Androhung rechtlicher Konsequenzen den Hinweis „Inspired by the UK BBC series THE OFFICE created by Ricky Gervais and Stephen Merchant" im Abspann enthielt, mittlerweile ist die vierte Staffel angelaufen.

OFFICE,[353] die der deutschen Serie wegen ihres großen Erfolgs zum Vorbild diente, eine subversive Funktion zu, weil sie die normale und seriöse Kommunikation, die sich mit dokumentarischen Formaten im Fernsehen verbinde, sprengen würde.[354] Allerdings bleibt zu fragen, ob die Autoren nicht der Mode aufsitzen, bestimmte Erscheinungen in der Populärkultur gerade aufgrund ihrer wissenschaftlichen Vernachlässigung und der hohen Resonanz beim Publikum als besonders subversive Akte zu inthronisieren. Häufig wird - insbesondere aus dem Lager der *Cultural Studies* - moniert, dass keine angemessene theoretische Reflexion mit derartigen Gegenständen zustande käme, weil sie nicht in die Raster eines konventionellen Kulturverständnisses passten. Jedenfalls scheint es problematisch, solchen Artefakten ein subversives Moment zuzuschreiben, allein aufgrund der Abweichung von gängigen Darstellungsnormen. Dabei sind Hybridformen längst keine Ausnahmeerscheinung mehr, vor allem im privatwirtschaftlich, gewinnorientierten Programmbereich. Haller sieht in dem vermehrten Auftreten dieser Mischformen sogar eine bewusste Strategie im „Wettbewerb um Aufmerksamkeit“[355] zwischen den Rundfunkanbietern. Ob die Zuschauer sich um die ideologischen Implikationen dokumentarischer Darstellungskonventionen Gedanken machen, wenn sie von PRO SIEBEN unterhalten werden, muss dabei vorerst zumindest fraglich bleiben.

Es lässt sich jedoch angesichts der hier vorgebrachten Ergebnisse davon ausgehen, dass *mockumentaries*, je nachdem in welchem Kommunikationszusammenhang sie stehen, unterschiedliche Funktionen erfüllen können.

Vor diesem Hintergrund wäre es interessant, auch die von Hißnauer als „fiktive Dokumentationen“ bezeichneten Filme, die eine konjunktivische Narration mit dokumentarästhetischen Mitteln paaren, auf ihre Funktionen eingehender zu befragen. Denn, ob das ZDF mit einem Zukunftsentwurf, wie er in 2030 - AUFSTAND DER ALTEN für die Auswirkungen des demographischen Wandels prognostiziert wird, wirklich seinem öffentlich-rechtlichen Bildungsauftrag gerecht wird, oder durch die provozierende Radikalität der Auseinandersetzung mit einem sehr kontrovers diskutierten Thema lediglich Aufmerksamkeit auf sich lenkt, ist eine Frage, die sich nicht

---

353 Geschrieben wurde die Serie von Ricky Gervais und Stephen Merchant. Die Erstausstrahlung in Großbritannien erfolgte am 30. August 2001 auf *BBC Two*. Im deutschen Fernsehen wurde die Serie erstmals am 10. Juni 2006 auf *Sat.1* ausgestrahlt.

354 Vgl.: Lipkin, Steven N./Paget, Derek/ Roscoe, Jane: *Docudrama and Mock-Documentary: Defining Terms, Proposing Canons.* In: Rhodes/Parris, 2006. S. 25.

355 Haller, 2005. S. 410.

nur Kritiker stellen.[356] Der packende Dreiteiler führt ein düsteres Bild der zukünftigen deutschen Gesellschaft vor Augen: ein Drittel aller Rentner lebt unterhalb der Armutsgrenze. Die Aufdeckung eines Pflegeskandals von erheblichem Ausmaß, der bis zur Euthanasie reicht, steht im Mittelpunkt der fiktiven Recherche einer jungen, couragierten ZDF-Reporterin namens Lena Bach. Diese Filmfigur vermittelt als Vertreterin des öffentlich-rechtlichen Senders zweifellos auch einen bestimmten *ethos*. Die Gesellschaftskritik und das investigative Vorgehen gegen sozialpolitische Missstände sind nicht nur Antrieb der Reporterin der Zukunft, dieser Aufrichtigkeitsgestus ist auch Teil der Selbstdarstellung des Senders. Lena Bach deckt eine Verschwörung auf, die bis in Regierungskreise reicht. Der Film endet mit der Schrifteinblendung: „Es ist noch nicht geschehen. Aber so oder so ähnlich könnte es bald kommen." Damit wird die Rollenzuschreibung an das öffentlich-rechtliche Fernsehen als kritische Kontrollinstanz von Gesellschaft und Politik affirmativ ausgestellt.

Natürlich erregt solch ein Szenario mehr Aufmerksamkeit bei den Fernsehzuschauern, als eine trockene Dokumentation. Hier wird mit einer Adaption des investigativen Dokumentarismus eine spannende Krimihandlung transportiert. Es ist anzunehmen, dass auch solche Fernsehfilme, die sich ganz offensichtlich als *mockumen-tary* zu erkennen geben, weitere Beispiele dafür liefern könnten, wie Fernsehsender die Hybridisierung dokumentarischer Formate nutzen um ihr Publikum an sich zu binden.

Jane Roscoe und Craig Hight gehen in ihrem Forschungsbeitrag davon aus, dass sich *mockumentaries* bzw. *mock-documentaries* auf die gemeinsame Agenda festlegen lassen, die verborgene Ideologie der dokumentarischen Darstellungskonventionen zu offenbaren und so eine Subversion wirkmächtiger Authentizitäts- und Glaubwürdigkeitsstrategien zu leisten.[357] Die Rezipienten erhielten dabei, so Juhazs, einen mediendidaktischen Anschauungsunterricht, der ihre Medienkompetenz fördere. Das Bewusstmachen von Transparenz- bzw. Authentizitätseffekten soll als Rüstzeug gegen mediale Täuschungen dienen. *Mockumentaries* „can readily educate viewers about uncertain links among objectivity, knowledge, and power – usually the hidden, ugly secret of straight documentary".[358] Dabei muss es angesichts des aufge-

[356] Auch hier macht sich eine gewisse Konvergenz bemerkbar. 2007 wurde von PRO SIEBEN ein vergleichbarer Film ausgestrahlt: KILLERGRIPPE 2008 (Richard Ladkini / Bärbel Jacks, 2007) entwirft ein Szenario von dem, was passiert wäre, wenn der Vogelgrippe-Virus H5N1 mutiert wäre und sich rasant über die gesamte Welt ausgebreitet hätte.
[357] Vgl. Roscoe / Hight, 2001. S. 4.
[358] Juhazs, 2006. S. 12.

zeigten Traditionszusammenhangs nicht weiter verwundern, dass eine bestimmte Darstellungspraxis besonders heftig angegriffen wird, nämlich die gestaltete, mittelbare Unmittelbarkeitsästhetik des *Direct Cinema*. Eine Kritik, die sich sicherlich als eine Reminiszenz an die Brecht-Lukács Debatte lesen lässt.

Verdacht ergibt sich dabei durch ein Misstrauen gegenüber einer gestalteten medialen Oberfläche, die durch die Anwendung konventionalisierter Darstellungsmethoden entstanden ist. Solange diese Oberfläche unhintergehbar scheint, lässt sich der Verdacht nicht ausräumen. Die realistisch anmutende Darstellung soll aufgebrochen werden, denn der Realismus sei „seinem Wesen nach eine vereinheitlichende und abschließende Strategie der Repräsentation“ und sei somit „notwendigerweise autoritär“.[359] Gerade auch für das Fernsehen sei daher „das Aufbrechen des Realismus, das Einbeziehen des Zuschauers in den Prozeß [sic] der Repräsentation notwendig“, wenn es „in einer heterogenen Gesellschaft populär sein“[360] wolle.

Der Authentizitätseindruck ist in diesem Kontext nicht gleichzusetzen mit einem Transparenzeffekt, sondern kann auch gerade durch die scheinbare Durchbrechung dieser Transparenz hergestellt werden. Die Ununterscheidbarkeit von Fakten und Fiktionen, die dem latenten Medienverdacht zugrunde liegt, wird dabei scheinbar sichtbar gemacht.

Greift man auf die Rhetorik als Erklärungsmodell zurück, so ist das selbstreflexive Moment, das *mockumentaries* im hier untersuchten Zusammenhang nicht nur und ausschließlich hinsichtlich dokumentarischer Repräsentationsmodi, sondern auch hinsichtlich fernsehspezifischer Vermittlungsstrategien und Selektionsmechanismen exekutieren, eine Möglichkeit die Glaubwürdigkeit der vermittelnden Instanzen zu steigern. Laut Aristoteles ist ja das Aufzeigen der Tugendhaftigkeit und der Einsicht der verantwortlichen Instanz ein zentrales rhetorisches Mittel. Der Kurzschluss von Reflexion und Subversion scheint somit nicht mehr tragfähig. *Mockumentaries* können zur Erzeugung von Glaubwürdigkeit im Funktionszusammenhang der Kommunikationsprozesse genutzt werden, indem sie vordergründig einen allgemeinen Medienverdacht bestätigen. Da das Zeugnis von dem massen-medialen Manipulationspotential jedoch im Modus eines *Als-Ob* präsentiert wird, dient es vielmehr dem Bezeugen der Aufrichtigkeit der vermittelnden Instanzen, welche die Gefahren eines missbräuchlichen Mediengebrauchs thematisieren, reflektieren und sich im Eingeständnis dieser Möglichkeiten als glaubwürdig profilieren. Damit dient die

359 Fiske, John. S. 250 f.
360 Ebd. S. 251

vordergründige Subversion vielmehr einer Stabilisation des *ethos*. Es kann zwar von Seiten der Rezipienten immer versucht werden, Fakten und Fiktionen zu unterscheiden und Manipulationen zu erkennen, jedoch stets nur mit Hilfe eines immer schon massenmedial vermittelten, präfigurierten Wissens.

Ausgehend von diesen Überlegungen lässt sich auf die Funktionen von *mockumentaries* im öffentlich-rechtlichen Fernsehen schließen. Sie dienen zunächst zur Affirmation von Aufrichtigkeit. Aufgrund ihrer Einbindung ins Programmschema reflektieren *mockumentaries* auch fernsehspezifische Vermittlungsverfahren und offenbaren eine sonst zugedeckte Kontingenz in der medialen Wirklichkeitsrepräsentation. Durch die selbstreflexive Inszenierung der Glaubwürdigkeitsstrategien wird der gängige Faktizitätsanspruch problematisiert. Durch das Aufzeigen der Inszenierungsleistung wird die Kategorie des Glaubwürdigen in einem Spannungsfeld zwischen Beweis, Fakt und Kontingenz präsentiert. Angesichts einer komplexen Wirklichkeit, der das Fernsehen üblicherweise durch eine ordnende Narrativierung begegnet, wird ein Möglichkeitshorizont geschaffen, der sonst durch die Festlegung des medial vermittelten Wirklichkeitsbereichs verdeckt wird. Dem Glaubwürdigen entspricht in ontologischer Hinsicht das Mögliche, das stets so und auch anders sein kann.[361] Somit gerät die realitätsmächtige Konstruktionsleistung des Fernsehens selbst als Teil der reflektierten Wirklichkeit in den Blick. Dabei erbringt diese Art und Weise des Eingestehens von Kontingenz keine weitreichenden Folgen für die Funktionstüchtigkeit medialer Wirklichkeitskonstrukte, denn am Ende jedes *mockumentaries*' werden die Verhältnisse wieder klargestellt, empfiehlt man sich dem Zuschauer von neuem als vertrauenswürdige und Orientierung bietende Instanz. *Mockumentaries* erlauben es das eigene Verhältnis zur Kontingenz der Wirklichkeit in den Kommunikationsprozess einzubeziehen. Inszenierung des Verdachts heißt dann eben auch: das Eingeständnis der Konstruktionsmechanismen medial repräsentierter Wirklichkeit, die eine notwendige Komplexitätsreduktion leisten und Kontingenz bearbeiten.

Abgesehen von der Möglichkeit die eigene Aufrichtigkeit unter Beweis zu stellen, bieten *mockumentaries* jedoch auch die Option, sich von der privaten Konkurrenz abzugrenzen. Gerade weil ihnen ein mediendidaktischer Wert zugesprochen werden kann, können sie für den bildungspolitischen Auftrag instrumentalisiert werden. Zu der Bildung des Zuschauers gehört schließlich auch die Vermittlung von

---

[361] Vgl.: Ostermann, 1999. S. 40.

Medienkompetenzen. *Mockumentaries* können den Zuschauer über die medialen Möglichkeiten der Wirklichkeitskonstruktion aufklären. Dem Mediennutzer wird der Eindruck vermittelt, dass ihm keine in sich abgeschlossene Sicht aufgedrängt wird, sondern dass er die Freiheit besitzt, sich den Sinn selbst zu erschließen. Eine aktivere Teilnahme am Darstellungsprozess scheint dabei selbstverständlich die Autonomie des Rezipienten zu berücksichtigen.

Diese Mitwirkung des Rezipienten muss jedoch nicht nur belehrenden Charakter haben. *Mockumentaries* können auch unterhalten. Dabei ließe sich auch diese Unterhaltung als wohlüberlegte Abgrenzung zu der *seichten* Unterhaltung der privaten Anbieter verstehen. Der Anspruch bleibt darin gewahrt, dass der Zuschauer scheinbar selbst, durch sein kulturelles Wissen, an der Gradwanderung zwischen Fakt und Fiktion teilhaben kann.

Selbst wenn man noch uneingeschränkt an der von Brecht-Exegeten postulierten subversiven Wirkung festhalten möchte, so würde diese Subversion im hier untersuchten Fall durch die Rückbindung an eine institutionelle Vertrauensinstanz als eine systemimmanente Korrekturfunktion eingesetzt und damit vollständig integriert werden. Die Kritik an gewissen Manipulationspraktiken wird dadurch von der Ebene vollständig absorbiert, gegen die sich auch ein Verdacht richten müsste und wird somit entkräftet.

Die Möglichkeit einer umfassenden Subversion lässt sich, angesichts der sozialen Nutzung von Medienerzeugnissen, ohnehin nicht annehmen. Die Gattungskonzepte der dokumentarischen Formate werden ihre orientierungs- und sinnstiftenden Funktionen nicht einbüßen, so lange sich beim „kognitiven wie kommunikativen Umgang mit Medienangeboten hinsichtlich der Referenzmodalitäten“[362] keine Erwartungsänderungen ergeben. Das Normgefüge müsste weitaus empfindlicher gestört werden, als durch gelegentliche Abweichungen, wie sie *mockumentaries* darstellen. Wie gezeigt wurde, demontieren *mockumentaries*, indem sie sich als Täuschung zu erkennen geben, gewisse rekursiv erzeugte Darstellungsmuster. Da diese jedoch weiterhin im täglichen Medienumgang kursieren, müsste „jeder Rezipient auf Basis der ihm zur Verfügung stehenden Evidenzen immer wieder aufs Neue entscheiden, [...] ob er gerade getäuscht wird“[363] oder ob er vertrauen kann.

Durch den unterstellten immanenten Aufklärungsgestus könnten *mockumentaries* letztlich auch als Fortführung eines emphatischen Dokumentarfilmgedankens

362 Schmidt, 1996². S. 179.
363 Andree, 2005. S. 433.

mit anderen Mitteln gesehen werden. Denn die Möglichkeit eines Blicks hinter die Fassade - und sei es die eigene - wird weiterhin bekräftigend unterstellt. Demzufolge könnte man den *mockumentary* als eine Quelle der Erneuerung sehen, als einen Ausnahmefall, an dem sich die dokumentarische Praxis wieder verjüngen kann. So sehen es wohl auch Roscoe und Hight, die das Phänomen *mockumentary* daher als Interimslösung auffassen.[364] Auch Brecht verlangte schließlich nicht die Abschaffung des Realismus, sondern die Erweiterung des Registers der Darstellungsmittel. Die Kritik an dokumentarischen Filmen bleibt damit, wie auch schon die Kritik am Realismus, eine Formfrage. Die Unhintergehbarkeit der medialen Vermittlung ist dadurch jedoch nicht aufzuheben. Die gezielt installierte Verdachtsbestätigung als eine Form der Selbstbespiegelung medialer Repräsentationsbedingungen ist wohl letztlich der Erkenntnis zu verdanken, dass es ohne Verdacht auch kein Vertrauen gäbe.

[364] Vgl. Roscoe/Hight, 2001. S. 189.

6. Quellenverzeichnis

6.1 Selbstständige Veröffentlichungen und Herausgeberschriften

Adorno, Theodor W.: Ein wunderlicher Realist. In: Ders: Noten zur Literatur. Band 2. Hg. v. Rolf Tiedemann. Frankfurt/Main: Suhrkamp 1974. S. 388 - 408.

Adorno, Theodor W./ Horkheimer, Max: Dialektik der Aufklärung. Sozialphilosophische Fragmente. Frankfurt/Main: Suhrkamp 1981.

Andree, Martin: Archäologie der Medienwirkung. Faszinationstypen von der Antike bis heute. München: Wilhelm Fink 2005.

Aristoteles: Rhetorik. Übers. v. Franz G. Sieveke. München: Wilhelm Fink 1980.

Barthes, Roland: La chambre claire. Note sur la photographie. Paris: Gallimard Seuil 1980.

Bartz, Christina: MassenMedium Fernsehen. Die Semantik der Masse in der Medienbeschreibung. Bielefeld: Transcript 2007.

Bazin, André: Ontologie de l'image photographique. In: ders: Qu'est-ce que le cinéma? Paris: Les Edition du Cerf 1985. S. 9 - 17.

Bazin, André: L'évolution du langage cinématographique. In: ders: Qu'est-ce que le cinéma? Paris: Les Edition du Cerf 1985. S.63 - 80.

Bazin, André: Montage interdit. In: ders: Qu'est-ce que le cinéma? Paris: Les Edition du Cerf 1985. S.49 - 61.

Benjamin, Walter: Kleine Geschichte der Fotografie. In: ders: Das Kunstwerk im Zeitalter seiner technischen Reproduzierbarkeit. Drei Studien zur Kunstsoziologie. Frankfurt/Main: Suhrkamp 1977. S. 11 - 31.

Beyerle, Monika: Authentisierungsstrategien im Dokumentarfilm: Das amerikanische Direct Cinema der 60er Jahre. Trier: Wissenschaftlicher Verlag WVT 1997.

Böhnke, Alexander: Paratexte des Films. Über die Grenzen des filmischen Universums. Transcript: Bielefeld 2007.

Brecht, Bertolt: Der Dreigroschenprozess. Ein soziologisches Experiment. In: ders.: Schriften I. Bertolt Brecht Werke. Große kommentierte Berliner und Frankfurter Ausgabe. Hg. v. Werner Hecht et. al. Bd. 21. Aufbau.Berlin/Weimar und Suhrkamp Frankfurt/Main, 1992. S. 448 - 514.

Brecht, Bertolt: Die Expressionismusdebatte. In: ders.: Schriften I. Bertolt Brecht Werke. Große kommentierte Berliner und Frankfurter Ausgabe. Hg. v. Werner Hecht et. al. Bd. 22. Aufbau.Berlin/Weimar und Suhrkamp Frankfurt/Main, 1992. S. 417 - 419.

Brecht, Bertolt: Praktisches zur Expressionismusdebatte. In: ders.: Schriften I. Bertolt Brecht Werke. Große kommentierte Berliner und Frankfurter Ausgabe. Hg. v. Werner Hecht et. al. Bd. 22. Aufbau.Berlin / Suhrkamp: Weimar, Frankfurt/Main, 1992. S. 419 - 423.

Brecht, Bertolt: Bemerkungen zu: Über Weite und Vielfalt der realistischen Schreibweise. In: Ders.: Schriften I. Bertolt Brecht Werke. Große kommentierte Berliner und Frankfurter Ausgabe. Hg. v. Werner Hecht et. al. Bd. 22. Aufbau.Berlin/Weimar und Suhrkamp Frankfurt/Main, 1992. S. 433 - 434.

Brecht, Bertolt. Fünf Schwierigkeiten beim Schreiben der Wahrheit. In: Ders.: Schriften I. Bertolt Brecht Werke. Große kommentierte Berliner und Frankfurter Ausgabe. Hg. v. Werner Hecht et. al. Bd. 22. Aufbau.Berlin/Weimar und Suhrkamp Frankfurt/Main, 1992. S. 74 - 90.

Brenner, Karin: Theorie der Literaturgeschichte und Ästhetik bei Georg Lukács. Frankfurt/Main u.a.: Lang 1990.

Derrida, Jacques/ Stiegler, Bernard: Èchographies de la télévision. Entretiens filmés. Paris: Galilée/ Institut national de l'audiovisuel 1996.

Enzensberger, Hans Magnus: Das Nullmedium oder warum alle Klagen über das Fernsehen gegenstandslos sind. In: ders: Mittelmaß und Wahn. Frankfurt/Main: Suhrkamp 1988. S. 89 - 103.

Genette, Gérard: Palimpseste. Frankfurt/Main: Suhrkamp 2004.

Genette, Gérard: Paratexte. Das Buch vom Beiwerk des Buches. Frankfurt/New York; Campus 1992.

Godard, Jean-Luc: Godard/Kritiker. Ausgewählte Kritiken und Aufsätze über Film (1950 – 1970). Auswahl und Übersetzung aus dem Französischen von Frieda Grafe. München: Hanser 1971.

Grassl, Monika: Das Wesen des Dokumentarfilms. Möglichkeiten der Dramaturgie und Gestaltung. Saarbrücken: VDM 2007.

Haller, Michael: Die Reportage. 5., überarb. Aufl. Konstanz: UVK 2006.

Hattendorf, Manfred: Dokumentarfilm und Authentizität. Ästhetik und Pragmatik einer Gattung. Konstanz: UVK 1999.

Heller, Heinz B. / Zimmermann, Peter (Hgg.): Bilderwelten. Weltenbilder. Dokumentarfilm und Fernsehen. Marburg: Schüren 1990.

Hickethier, Knut: Dispositiv Fernsehen, Programm, Programmstrukturen in der Bundesrepublik Deutschland. In: ders. (Hg.): Geschichte des Fernsehens in der Bundesrepublik Deutschland. Bd. 1. Institution, Technik und Programm. Rahmenaspekte der Programmgeschichte des Fernsehens. München: Wilhelm Fink 1993. S. 171 - 243.

Hohenberger, Eva: Die Wirklichkeit des Films. Dokumentarfilm. Ethnografischer Film. Jean Rouch. Hildesheim u.a.: Georg Olms Verlag 1988.

Hohenberger, Eva (Hg.): Bilder des Wirklichen. Texte zur Theorie des Dokumentarfilms. Berlin: Vorwerk8 1998.

Hohenberger, Eva / Keilbach, Judith: Die Gegenwart der Vergangenheit. Zum Verhältnis von Dokumentarfilm, Fernsehen und Geschichte. In: diess. (Hgg.): Die Gegenwart der Vergangenheit. Dokumentarfilm, Fernsehen, Geschichte. Berlin 2003. S.8 - 23.

Hörl, Patrick: Film als Fenster zur Welt. Eine Untersuchung des filmtheoretischen Denkens von John Grierson. Konstanz: UVK 1996.

Iser, Wolfgang: Der implizite Leser. München: Wilhelm Fink 1972.

Joost, Gesche: Bild-Sprache. Die audio-visuelle Rhetorik des Films. Transcript. Bielefeld 2008.

Kluge, Alexander/ Negt, Oskar: Öffentlichkeit und Erfahrung. 2. Aufl. Frankfurt/Main: Suhrkamp 1973.

Knaller, Susanne/ Müller, Harro: Authentizität und kein Ende. In: diess. (Hgg.): Authentizität. Diskussion eines ästhetischen Begriffs. München: Wilhelm Fink 2006. S. 7 - 16.

Knape, Joachim: Was ist Rhetorik? Stuttgart: Reclam 2000

Kohl, Stephan: Realismus: Theorie und Geschichte. München: Wilhelm Fink 1977.

Kopperschmidt, Josef: Das Ende der Verleumdung. Einleitende Anmerkungen zur Wirkungsgeschichte der Rhetorik. In: ders.: Rhetorik. Wirkungsgeschichte der Rhetorik. 2. Bd. Darmstadt: Wissenschaftliche Buchgesellschaft 1991. S. 1 - 33.

Kopperschmidt, Josef: Was weiß die Rhetorik vom Menschen? Thematisch einleitende Bemerkungen. In: ders., (Hg.): Rhetorische Anthropologie. Studien zum Homo rhetoricus. München: Wilhelm Fink 2000. S. 7 - 37.

Kracauer, Siegfried: Theorie des Films. Die Errettung der äußeren Wirklichkeit. Frankfurt/Main: Suhrkamp 1964.

Kreimeier, Klaus / Stanitzek, Georg (Hgg.): Paratetxte in Literatur, Film, Fernsehen. Akademie Verlag: Berlin 2004.

Leschke, Rainer: Einführung in die Medientheorie. München: Wilhelm Fink 2003.

Luhmann Niklas: Vertrauen. Ein Mechanismus der Reduktion sozialer Komplexität. 3., durchges. Aufl. Stuttgart: Enke 1989.

Luhmann, Niklas: Die Realität der Massenmedien. 3.Aufl. Wiesbaden: Verlag für Sozialwissenschaften 2004.

Lukács, Georg: Es geht um den Realismus. In: ders.: Essays über Realismus. Werke Bd. 4. Hg. v. Ludz, Peter Christian et. al. Neuwied/Berlin: Luchterhand, 1971. S.313 - 343.

Mamber, Stephen: Cinema Verite in America. Studies in uncontrolled documentary. Cambridge: MIT Press 1974.

Mersch, Dieter: Medientheorien. Hamburg: Junius 2006.
Metz, Christian: Die unpersönliche Enunziation oder der Ort des Films. Münster: Nodus-Publ. 1997.

Monaco, James: Film Verstehen. 5. Aufl. 2004. Reinbek: Rowohlt 2000.

Nichols, Bill: Representing Reality. Indiana Univ. Press: Bloomington 1991.

Nichols, Bill: Introduction to Documentary. Indiana Univ. Press: Bloomington, u.a. 2001.

Nitsche, Lutz: Hitchock – Greenaway – Tarantino. Paratextuelle Attraktionen des Autorenkinos. Metzler: Stuttgart/Weimar 2002.

Paech, Joachim: Einleitung in Dokumentarismus und Realismus. In: ders. et.al. (Hgg.): Screen-Theory. Zehn Jahre Filmtheorie in England. Von 1971 bis 1981. Osnabrück: Universität Osnabrück 1985. S. 183 - 209.

Paech, Joachim: Das „Programm der Moderne" und dessen postmoderne Auflösungen: Vom Werk zum Text zu Multimedia. In: ders. et. al. (Hgg.): Strukturwandel medialer Programme: Vom Fernsehen zu Multimedia. Konstanz: UVK Medien 1999. S. 13 - 29.

Peirce, Charles S.: Phänomen und Logik der Zeichen. Frankfurt/Main: Suhrkamp 1983.

Plantinga, Carl R.: Rhetoric and Representation in Nonfiction Film. Cambridge: Cambridge University Press 1997.

Postman, Neil: Wir amüsieren uns zu Tode. Frankfurt/Main: Fischer 1985.

Rebhandl, Bert: Orson Welles. Genie im Labyrinth. Wien: Zsolnay Verl. 2005.

Rhodes, Gray D./Springer, John Parris (ed.): docufictions. Essays on the Intersection of Documentary and Fictional Filmmaking.: London u.a.: McFarland & Company 2006.

Römer, Stefan: Künstlerische Strategien des Fake. Kritik von Original und Fälschung. Berlin: DuMont 2001.

Roscoe, Jane/ Hight, Craig (ed.): Faking it. Mock-documentary and the subversion of factuality. Manchester/New York: Manchester Univ. Press 2001.

Rothenberger, Liane: Von elitär zu populär? Die Programmentwicklung im deutsch-französischen Kulturkanal arte. Konstanz: UVK 2008.

Schmidt, Siegfried J.: Die Wirklichkeit des Beobachters. In: Merten, Klaus / Schmidt, Siegfried J./Weischenberg, Siegfried (Hg.): Die Wirklichkeit der Medien. Opladen: Westdeutscher Verlag. 1994. S. 3 - 19.

Schmidt, Siegfried J.: Kognitive Autonomie und soziale Orientierung. Konstruktivistische Bemerkungen zum Zusammenhang von Kognition, Kommunikation, Medien und Kultur. 2. Aufl. Frankfurt/Main: Suhrkamp 1996.

Schnell, Ralf: Medienästhetik. Zu Geschichte und Theorie audiovisueller Wahrnehmungsformen. Stuttgart/Weimar: Metzler 2000.
Schreitmüller, Andreas: Alle Bilder lügen. Foto – Film – Fernsehen – Fälschung. Konstanz: UVK 2005.

Schulz, Winfried: Massenmedien und Realität. Die „ptolemäische" und die „kopernikanische" Auffassung. In: ders./ Kaase, Max (Hgg.): Massenkommunikation. Theorien, Methoden, Befunde. Opladen: Westdeutscher Verlag 1989. S. 133 - 149.

Schwartz, Hillel: Déjà vu. Die Welt im Zeitalter ihrer tatsächlichen Reproduzierbarkeit. Berlin: Aufbau Verlag 2000.

Simpson, John Andrew / Weiner, Edmund S.C. (ed.): The Oxford English Dictionary. 2. Aufl. Bd. 9. Oxford: Charendon Press 1989.

Weischenberg, Siegfried: Art. „Interview". In: ders. et. al. Handbuch Journalismus und Medien. Konstanz: UVK 2005. S. 119.

Wortmann, Volker: Authentisches Bild und authentisierende Form. Köln: Von Halem Verlag 2003.

6.2 Unselbstständig erschienene Literatur

Adorno, Theodor W.: *Résumé über Kulturindustrie*. In: Pias, Claus et. al. (Hgg.): Kursbuch Medienkultur. Die maßgeblichen Theorien von Brecht bis Baudrillard. 4. Aufl. Stuttgart: Deutsche Verlags Anstalt 1999. S. 202 - 208.

Anders, Günter: *Die Welt als Phantom und Matrize. Philosophische Betrachtungen über Rundfunk und Fernsehen.* In: Pias, Claus et. al. (Hgg.): Kursbuch Medienkultur. Die maßgeblichen Theorien von Brecht bis Baudrillard. 4. Aufl. Stuttgart: Deutsche Verlags Anstalt 1999. S. 209 - 222.

Barthes, Roland: *Der Tod des Autors.* In: Jannidis, Fotis et. al. (Hgg.): Texte zur Theorie der Autorschaft. Stuttgart: Reclam. 2000. S. 185 - 193.

Bartz, Christina: *„Das geheimnisvolle Fenster in die Welt geöffnet" –Fernsehen* In: Kümmel, Albert et. al. (Hgg.): Einführung in die Geschichte der Medien. Paderborn: Wilhelm Fink 2004. S. 199 - 224.

Baudrillard, Jean: *Requiem für die Medien.* In: Pias, Claus et. al. (Hgg.): Kursbuch Medienkultur. Die maßgeblichen Theorien von Brecht bis Baudrillard. 4. Aufl. Stuttgart: Deutsche Verlags Anstalt 1999. S. 279 - 299.

Bayer, Gerd: *Artifice and Artificiality in Mockumentaries.* In: Juhasz, Alexandra / Lerner, Jesse (ed.): F is for phony. Fake documentary and truth's undoing. University of Minnesota Press: Minneapolis/London 2006.

Berg, Jan: *Techniken der medialen Authentifizierung Jahrhunderte vor der Erfindung des ‚Dokumentarischen'.* In: Keitz, Ursula / Hoffmann, Kay (Hgg.): Die Einübung des dokumentarischen Blicks. Fiction Film und Non Fiction Film zwischen Wahrheitsanspruch und expressiver Sachlichkeit 1895-1945. Marburg: Schüren 2001. S. 51 - 70.

Bering, Dietz: Art. *„Kulturelles Gedächtnis".* In: Pethes, Nicolas / Ruchatz, Jens (Hgg.): Gedächtnis und Erinnerung. Ein interdisziplinäres Lexikon. Reinbeck: Rowohlt 2001. S. 329 - 332.

Bickenbach, Matthias: *Der Fälscher als Poetologe und Medientheoretiker. Ein Entwurf im außermoralischen Sinn über Michael Borns und Tom Kummers Werkstattberichte der Fernsehwirklichkeit.* In: Gerhards, Claudia et. al. (Hgg.): TV-Skandale. Konstanz: UVK 2005. S. 329 - 353.

Bleicher, Joan Kristin: Art. *„Programmgeschichte"*. In: Schanze, Helmut (Hg.): Metzler Lexikon Medienwissenschaft und Medientheorie. Ansätze – Personen – Grundbegriffe. Stuttgart/Weimar: J.B. Metzler 2002. S. 295 - 296.

Bleicher, Joan Kristin: *Programmverbindungen als Paratexte des Fernsehens*. In: Kreimeier, Klaus / Stanitzek, Georg (Hgg.): Paratetxte in Literatur, Film, Fernsehen. Akademie Verlag: Berlin 2004. S. 245 - 260.

Blumenberg, Hans: *Anthropologische Annäherungen an die Aktualität der Rhetorik*. In: Kopperschmidt, Josef (Hg.): Rhetorische Anthropologie. Studien zum Homo rhetoricus. München: Wilhelm Fink 2000. S. 67 - 87.

Blüher, Dominique et. al.: *Film als Text. Theorie und Praxis der „analyse textuelle"*. In: montage/av. Jg. 8. 1/1999. S. 3 - 7.

Brecht, Bertolt: *Der Rundfunk als Kommunikationsapparat. Rede über die Funktion des Rundfunks*. In: Pias, Claus et. al. (Hgg.): Kursbuch Medienkultur. Die maßgeblichen Theorien von Brecht bis Baudrillard. 4. Aufl. Stuttgart: Deutsche Verlags Anstalt 1999. S. 259 - 263.

Deutelbaum, Marshall: *Structural Patterning in the Lumière Films*. In: Fell, John L. (ed.): Film before Griffith. Berkeley u.a.: University of California Press 1983. S. 299 - 310.

Doll, Martin: *»Dokumente«, die ins Nichts verweisen? TV-Fälschungen als Indikatoren der Modi journalistischer Wahrheitsproduktion*. In: Segeberg, Haro (Hg.): Referenzen. Zur Theorie und Geschichte des Realen in den Medien. Schriftenreihe der Gesellschaft für Medienwissenschaft. Marburg. Schüren. 2009.

Eitzen, Dirk: *Wann ist ein Dokumentarfilm? Der Dokumentarfilm als Rezeptionsmodus*. In: montage/av. Jg.7. 2/1998. S.13 - 44.

Elsaesser, Thomas: *Realität zeigen: Der frühe Film im Zeichen Lumières*. In: Keitz, Ursula / Hoffmann, Kay (Hgg.): Die Einübung des dokumentarischen Blicks. Fiction

Film und Non Fiction Film zwischen Wahrheitsanspruch und expressiver Sachlichkeit 1895-1945. Marburg: Schüren 2001. S. 27 - 50.

Elsaesser, Thomas: *„Un train peut en cacher un autre". Geschichte, Gedächtnis und Medienöffentlichkeit.* montage/av. Jg. 11. 1/2002. S. 11 - 25.

Elsaesser, Thomas: *Ein halbes Jahrhundert im Zeichen Bazins.* In: montage/av. Jg. 18. 1/2009. S. 11 - 31.

Enzensberger, Hans Magnus: *Baukasten zu einer Theorie der Medien.* In: Pias, Claus et. al. (Hgg.): Kursbuch Medienkultur. Die maßgeblichen Theorien von Brecht bis Baudrillard. 4. Aufl. Stuttgart: Deutsche Verlags Anstalt 1999. S. 264 - 278.

Fahle, Oliver: *Eine Debatte. Zur Einführung.* In: Pias, Claus et. al. (Hgg.): Kursbuch Medienkultur. Die maßgeblichen Theorien von Brecht bis Baudrillard. 4. Aufl. Stuttgart: Deutsche Verlags Anstalt 1999. S. 255 - 258.

Fiske, John: *Augenblicke des Fernsehens.* In: Pias, Claus et. al. (Hgg.): Kursbuch Medienkultur. Die maßgeblichen Theorien von Brecht bis Baudrillard. 4. Aufl. Stuttgart: Deutsche Verlags Anstalt 1999. S. 234 - 253.

Foucault, Michel: *Was ist ein Autor?* In: Jannidis, Fotis et. al. (Hgg.): Texte zur Theorie der Autorschaft. Stuttgart: Reclam. 2000. S. 194 - 229.

Gerhards, Claudia: *Die Realität des Fernsehfakes. Kleine Geschichte zur Inszenierung von TV-Wirklichkeiten.* In: Gerhards, Claudia et. al. (Hgg.): TV-Skandale. Konstanz: UVK 2005. S. 281 - 297.

Grampp, Sven: Das *Nullmedium erinnert sich. Formen der Geschichtsdarstellung in TV-Jahrhundertrückblicken.* In: Crivelleri, Fabio et. al. (Hgg.): Die Medien der Geschichte. Historizität und Medialität in interdisziplinärer Perspektive. Konstanz: UVK 2004. S. 379 - 406.

Grampp, Sven: *McLuhmann. Niklas Luhmanns Systemtheorie und die Realität der Medien.* In: Medienwissenschaft. Rezensionen. Reviews. Jg. 23. 3/2006. S. 260 - 276.

Gunning, Tom: *Vor dem Dokumentarfilm. Frühe non-fiction-Filme und die Ästhetik der »Ansicht«.* In: Kessler, Frank et. al. (Hgg.): Kintop 4 Jahrbuch zur Erforschung des frühen Films. Frankfurt a. Main 1995. S. 111 - 121.

Haller, Michael: Art. *„Reportage/Feature“*. In: Weischenberg, Siegfried et.al. (Hgg.): Handbuch Journalismus und Medien. Konstanz: UVK 2005. S. 405 - 411.

Heath, Stephan: *Lessons from Brecht.* Screen Jg. 15. 2/1974. S. 103 - 128.

Heller, Heinz B.: *Der Dokumentarfilm als transitorisches Genre*. In: Keitz, Ursula / Hoffmann, Kay (Hgg.): Die Einübung des dokumentarischen Blicks. Fiction Film und Non Fiction Film zwischen Wahrheitsanspruch und expressiver Sachlichkeit 1895-1945. Marburg: Schüren 2001. S. 15 - 26.

Heller, Heinz-B.: *Dokumentarfilm und Fernsehen. Probleme aus medienwissenschaftlicher Sicht und blinde Flecken.* In: ders. / Zimmermann, Peter (Hgg.): Bilderwelten. Weltenbilder. Dokumentarfilm und Fernsehen. Marburg: Schüren 1990. S. 15 - 22.

Hickethier, Knut: *Dispositiv Fernsehen.* In: montage/av. Jg. 4. 1/1995. S. 63 - 83.

Hißnauer, Christian: *MöglichkeitsSPIELräume. Fiktion als dokumentarische Methode. Anmerkungen zur Semio-Pragmatik Fiktiver Dokumentationen.* In: Medienwissenschaft. Rezensionen/Reviews. Hrsg. von Jürgen Felix, Heinz-B. Heller, Karl Prümm, Karl Riha. Marburg, Heft 1/2010. S. 17 - 28.

Juhazs, Alexandra: *Phony definitions*. In: dies. / Lerner, Jesse (ed.): F is for phony. Fake documentary and truth's undoing. University of Minnesota Press: Minneapolis/London 2006.

Kalisch, Eleonore: *Aspekte einer Begriffs- und Problemgeschichte von Authentizität und Darstellung.* In: Fischer-Lichte, Erika/ Pflug, Isabel (Hgg.): Inszenierung von Authentizität. Tübingen/Basel: Francke 2000. S. 31 - 44.

Kirchmann, Kay: *Bildermüll und Wiederverwertung. Eine medientheoretische Perspektive auf Formen und Funktionen des Bilderrecyclings im Found-Footage-Film.* In: Koebner, Thomas/ Meder, Thomas (Hgg.). Bildtheorie und Film. München: Ed. Text und Kritik 2006. S. 501.

Kirchmann, Kay: *Zwischen Selbstreflexivität und Selbstreferenzialität. Zur Ästhetik des Selbstbezüglichen als filmischer Modernität.* In: Karpf, Ernst et. al. (Hgg.): Im Spiegelkabinett der Illusionen. Filme über sich selbst. Marburg: Schüren 1996 (Arnoldshainer Filmgespräche). S. 67 - 86.

Lagny, Michèle: *Historischer Film und Geschichtsdarstellung im Fernsehen.* In: Hohenberger, Eva/ Keilbach, Judith (Hgg.): Die Gegenwart der Vergangenheit. Dokumentarfilm, Fernsehen, Geschichte. Berlin: Vorwerk8 2003. S. S.115 - 128.

Lefèbvre, Henri: Einführung in die Modernität. Zwölf Präludien. Frankfurt/Main: Suhrkamp 1978.

Lenk, Sabine: *Der Aktualitätenfilm vor dem Ersten Weltkrieg in Frankreich.* In: Kessler, Frank et. al. (Hgg.): KINtop 6. Jahrbuch zur Erforschung des frühen Films. Frankfurt/Main 1997. S. 51 - 66.

Lipkin, Steven N./Paget, Derek/ Roscoe, Jane: *Docudrama and Mock-Documentary: Defining Terms, Proposing Canons.* In: Rhodes, Gray D./Springer, John Parris (ed.): docufictions. Essays on the Intersection of Documentary and Fictional Filmmaking.: London u.a.: McFarland & Company 2006. S. 11 - 26.

Ludwig, Hans-Werner: *Wahrnehmungsmagnet Fernsehen.* In: Knape, Joachim (Hg.): Medienrhetorik. Tübingen:-Narr 2005. S. 173 - 194.

Ludwig, Johannes: Art. *„Investigativer Journalismus“.* In: Weischenberg, Siegfried et. al. (Hg.): Handbuch Journalismus und Medien. Konstanz: UVK 2005. S.123 f.

McCabe, Colin: *Realism and the Cinema: Notes on some Brechtian theses.* In: Screen. Jg. 15. 2/1974. S. 7 - 27.

Nichols, Bill: *Documentary Theory and Practice*. In: Screen Jg. 17. 4/1976/7. S. 34 - 48.

Niehues-Pröbsting, Heinrich: *Ethos. Zur Rückgewinnung einer rhetorischen Fundamentalkatgeorie.* In: Kopperschmidt, Josef (Hg.): Rhetorische Anthropologie. Studien zum Homo rhetoricus. München: Wilhelm Fink 2000. S. 339 - 352.

Neumann, Gerhard: *Erzähl-Theater. Inszenierte Authentizität in Brechts kleiner Prosa.* In: Fischer-Lichte, Erika/ Pflug, Isabel (Hgg.): Inszenierung von Authentizität. Tübingen/Basel: A. Franke 2000. S. 93 -108.

Odin, Roger: *Dokumentarischer Film – dokumentarierende Lektüre.* In: Hohenberger, Eva (Hg.): Bilder des Wirklichen. Texte zur Theorie des Dokumentarfilms. Berlin: Vorwerk8 1998. S. 259 - 274.

Ostermann, Eberhard: *Das Konzept der Glaubwürdigkeit aus rhetorischer Perspektive.* In: Rössler, Patrick/ Wirth, Werner (Hgg.): Glaubwürdigkeit im Internet. Fragestellungen, Modelle, empirische Befunde. München: Reinhard Fischer 1999. S. 33 - 46.

Riedel, Peter: *Photographische Referenz. Zur Konkretion des Indexbegriffs.* In: Medienwissenschaft. Rezensionen. Jg. 19. 3/2002. S. 283 - 297.

Riepe, Manfred: *Mars attacks - schon wieder. "Krieg der Welten": Vom Hörspiel zum Blockbuster.* In: epd Film. Jg. 22. 7/2005. S. 8 - 9.

Parr, Rolf/Thiele, Matthias: *Eine „vielgestaltige Menge von Praktiken und Diskursen“. Zur Interdiskursivität und Televisualität von Paratexten des Fernsehens.* In: Kreimeier, Klaus; Stanitzek, Georg (Hgg.): Paratetxte in Literatur, Film, Fernsehen. Berlin: Akademie Verlag 2004. S. 261 - 282.

Rosenfelder, Andreas: *Medien auf dem Mond. Zur Reichweite des Weltraumfernsehens.* In: Schneider, Irmela et. al. (Hgg.): Medienkultur der 60er Jahre. Diskursgeschichten der Medien nach 1945. Band 2. Wiesbaden: Westdeutscher Verlag 2003. S. 17 - 33.

Ruchatz, Jens: *Realismus als dauerhaftes Problem der Fotografie. Zuschreibung vs. Technikontologie.* In: Laser, Björn et. al. (Hgg.): Die dunkle Seite der Medien. Ängste, Faszinationen, Unfälle. Frankfurt/Main: Lang 2001. S. 180 - 193.

Ruchatz, Jens: *Hinter Mythen und Fassaden blicken. Authentizität als Versprechen des Interviews.* In: Kultur und Gespenster. Heft 3. Winter 2007. S. 130-149.

Sobchack, Vivien: *Toward a Phenomenology of Nonfictional Film Experience.* In: Gaines, Jane M. / Renov, Michael (ed.): Collecting visible evidence. Minneapolis/London. University of Minnesota Press. 1999. S. 241 - 254.

Todorow, Almut / Grampp, Sven / Schmid-Ruhe, Bernd: *Medien unter Verdacht: Selbstreflexivität als Glaubwürdigkeitsstrategie.* In: Assmann, Aleida et. al. (Hgg.): Zwischen Literatur und Anthropologie. Diskurse, Medien, Performanzen. Tübingen: Narr 2005. S. 201 - 226.

Todorow, Almut: *Inszenierungen der Glaubwürdigkeit. Massenmediale Rhetorik zwischen Faktizitätsanspruch und Kontingenz.* In: Metzger, Stefan/Rapp, Wolfgang (Hg.): homo inveniens. Heuristik und Anthropologie am Beispiel der Rhetorik. Tübingen: Narr 2003. S. 237 - 251.

Vertov, Dziga: *Kinoki-Umsturz.* In: Hohenberger, Eva (Hg.): Bilder des Wirklichen. Texte zur Theorie des Dokumentarfilms. Berlin: Vorwerk8 1998. S. 67 - 77.

Vertov. *Wir. Variante eines Manifests.* In: Albersmeier, Franz-Josef (Hg.): Texte zur Theorie des Films. Stuttgart: Reclam 2003. S.31 - 35.

Vossen, Ursula: Art. *„Kompilationsfilm“.* In: Koebner, Thomas (Hg.) Reclams Sachlexikon des Films. Stuttgart: Reclam 2002.

Zimmermann, Peter: *Der Autorenfilm und die Programm-Maschine Fernsehen.* In: Peter Zimmermann / Kay Hoffmann (Hgg.): Dokumentarfilm im Umbruch. Kino – Fernsehen – Neue Medien. Konstanz: UVK 2006. S. 85 - 104.

6.3 Internetquellen

- http://www.blairwitch.com/legacy.html [27.10.2009]
- http://www.sueddeutsche.de/kultur/980/404759/text/ [21.11.2009]
- http://archives.arte.tv/arteinfo/dtext/doku/d3reda.html [27.11.2009]
- http://www.zeit.de/news/artikel/2006/12/14/84564.xml.]30.11.2009]
- http://www.handelsblatt.com/meinung/kolumne-das-politische-feature/fernsehfiktion-mit-fataler-wirkung;1188202. [30.11.2009]
- http://derstandard.at/1604267. [07.12.2009]
- http://www.arte.tv/de/thenenabend/883844.html. [07.12.2009]
- http://www.filmevona-z.de/filmsuche.cfm?sucheNach=titel&wert=508287. [01.02.2010]
- http://www.grimme-institut.de/scripts/preis/agp_2003/scripts/beitr_kubrick.html. [01.12. 2009]
- http://www.focus.de/digital/internet/datenschutz-aigner-will-gegen-google-vorgehen_aid_477617.html. [06.02.2010]

6.4 Sonstige

Arte. Das Magazin. Heft 10. 2001.
Arte. Das Magazin. Heft 10. 2002.
Arte. Das Magazin. Heft 8. 2005.

7. Filmverzeichnis

Opération lune (OT)/ Kubrick, Nixon und der Mann im Mond.
Regie: William Karel. **Produktionsland:** Frankreich. **Erscheinungsjahr:** 2002. **Produktion:** Arte France, Point du jour.
Länge: 52 min.

Citizen Cam.
Regie: Jérôme Scemla. **Produktionsland:** Island/Frankreich. **Erscheinungsjahr:** 1999. **Produktion:** Canal +, Kalamazoo International, Saga Film.
Länge: 26 min.

Tout ça (ne nous rendra pas la Belgique) / Bye, Bye Belgium.
Regie: Isabelle Christiaens, Philippe Dutilleul. **Produktionsland:** Belgien. **Erscheinungsjahr:** 2006. **Produktion:** Radio Télévision Belge Francophone (RTBF)
Länge: 104 min.

Der Fall des Elefanten.
Buch und Regie: Anding, Volker. **Produktionsland:** BRD. **Erscheinungsjahr:** 1986. **Produktion:** Westdeutscher Rundfunk.
Länge: 45 min.

Forgotten Silver (OT)/ Kein Oscar für Colin McKenzie.
Regie: Peter Jackson / Botes Costa. **Produktionsland:** Neuseeland. **Erscheinungsjahr:** 1995. **Produktion:** New Zealand Film Commission, New Zealand On Air, WingNut Films.
Länge: 53 min.

The Rutles. All you need is cash.
Regie: Eric Idle / Weis, Gary. **Produktionsland:** Groß Britannien / USA. **Erscheinungsjahr:** 1978. **Produktion:** Above Average Productions Inc., Broadway Video, Rutle Corp
Länge: 76 min.

Zelig.

Regie: Woody Allen. **Produktionsland:** USA. **Erscheinungsjahr:** 1983. **Produktion:** Orion Pictures Corporation.

Länge: 79 min.

The Blair Witch Project.

Regie: Daniel Myrick / Eduardo Sanchéz. **Produktionsland:** USA. **Erscheinungsjahr:** 1999.

Produktion: Haxan Films.

Länge: 81 min.

C'est arrivé près de chez vous (OT)/ Mann beißt Hund.

Regie: Rémy Belvaux, André Bonzel. **Produktionsland:** Belgien. **Erscheinungsjahr:** 1992.

Produktion: Les Artistes Anonymes.

Länge: 95 min.

FILM- UND MEDIENWISSENSCHAFT

Herausgegeben von Irmbert Schenk und Hans Jürgen Wulff

ISSN 1866-3397

1 *Oliver Schmidt*
Leben in gestörten Welten
Der filmische Raum in David Lynchs *Eraserhead*, *Blue Velvet*, *Lost Highway* und *Inland Empire*
ISBN 978-3-89821-806-1

2 *Indra Runge*
Zeit im Rückwärtsschritt
Über das Stilmittel der chronologischen Inversion in *Memento*, *Irréversible* und *5 x 2*
ISBN 978-3-89821-840-5

3 *Alina Singer*
Wer bin ich? Personale Identität im Film
Eine philosophische Betrachtung von *Face/Off*, *Memento* und *Fight Club*
ISBN 978-3-89821-866-5

4 *Florian Scheibe*
Die Filme von Jean Vigo
Sphären des Spiels und des Spielerischen
ISBN 978-3-89821-916-7

5 *Anna Praßler*
Narration im neueren Hollywoodfilm
Die Entwürfe des Körperlichen, Räumlichen und Zeitlichen in *Magnolia*, *21 Grams* und *Solaris*
ISBN 978-3-89821-943-3

6 *Evelyn Echle*
Danse Macabre im Kino
Die Figur des personifizierten Todes als filmische Allegorie
ISBN 978-3-89821-939-6

7 *Miriam Grossmann*
Soziale Figurationen und Selbstentwürfe
Schauspieler und Figureninszenierung in Eric Rohmers *Pauline am Strand*, *Vollmondnächte* und *Das grüne Leuchten*
ISBN 978-3-89821-944-0

8 *Peter Klimczak*
40 Jahre ‚Planet der Affen'
Zeitgeist- und Reihenkompatibilität – über Erfolg und Misserfolg von Adaptionen
ISBN 978-3-89821-977-8

9 *Ingo Lehmann*
Ziellose Bewegungen und mediale Selbstauflösung
Das absurde «Genrefilm-Theater» Monte Hellmans
ISBN 978-3-89821-917-4

10 *Gerd Naumann*
Der Filmkomponist Peter Thomas
Von Edgar Wallace und Jerry Cotton zur Raumpatrouille Orion
ISBN 978-3-8382-0003-3

11 *Anja-Magali Bitter*
Die Inszenierung des Realen
Entwicklung und Perzeption des neueren französischen Dokumentarfilms
ISBN 978-3-8382-0066-8

12 *Martin Hennig*
Warum die Welt Superman nicht braucht
Die Konzeption des Superhelden und ihre Funktion für den Gesellschaftsentwurf in US-amerikanischen Filmproduktionen
ISBN 978-3-8382-0046-0

13 *Esther Lulaj*
Nimm (nicht) ab!
Zur Funktion des Telefons im Spielfilm – Von Metropolis bis Matrix
ISBN 978-3-8382-0125-2

14 *Boris Rozanski*
Das ungleiche Liebespaar in der 'Screwball Comedy'
Paarbildung und Selbstfindung von Frank Capras *It Happened One Night* bis zu Jonathan Demmes *Something Wild*
ISBN 978-3-8382-0145-0

15 *Carolin Lano*
Die Inszenierung des Verdachts
Überlegungen zu den Funktionen von TV-mockumentaries
ISBN 978-3-8382-0214-3

In Vorbereitung:

Tobias Sunderdiek
"The Wonderful Wizard of Oz" – Verfilmungen eines Kinderbuchklassikers
ISBN 978-3-89821-960-0

Florian Plumeyer
Sadismus und Ästhetisierung
Folter als kultureller und filmischer Exzess im Gegenwartskino
ISBN 978-3-8382-0188-7

Daniela Olek
Whatever happened, happened...
Die Veränderung des seriellen Erzählens im Zeitalter von *Media Convergence*
ISBN 978-3-8382-0174-0

Christine Piepiorka
LOST in Narration
Narrative Complexity der US-amerikanischen neuen Seriengeneration
ISBN 978-3-8382-0181-8

Eleonóra Szemerey
Über die Vermittlung von Hoffnung und Hoffnungslosigkeit in Aki Kaurismäkis Verlierer-Filmen
ISBN 978-3-8382-0222-8

Abonnement

Hiermit abonniere ich die Reihe **Film- und Medienwissenschaft (ISSN 1866-3397),** herausgegeben von Irmbert Schenk und Hans Jürgen Wulff,

❒ ab Band # 1

❒ ab Band # ___

❒ Außerdem bestelle ich folgende der bereits erschienenen Bände:

#___, ___, ___, ___, ___, ___, ___, ___, ___, ___, ___, ___

❒ ab der nächsten Neuerscheinung

❒ Außerdem bestelle ich folgende der bereits erschienenen Bände:

#___, ___, ___, ___, ___, ___, ___, ___, ___, ___, ___, ___

❒ 1 Ausgabe pro Band ODER ❒ ___ Ausgaben pro Band

Bitte senden Sie meine Bücher zur versandkostenfreien Lieferung innerhalb Deutschlands an folgende Anschrift:

Vorname, Name: ______________________________

Straße, Hausnr.: ______________________________

PLZ, Ort: ______________________________

Tel. (für Rückfragen): ______________ *Datum, Unterschrift:* ______________

Zahlungsart

❒ *ich möchte per Rechnung zahlen*

❒ *ich möchte per Lastschrift zahlen*

bei Zahlung per Lastschrift bitte ausfüllen:

Kontoinhaber: ______________________________

Kreditinstitut: ______________________________

Kontonummer: ______________ Bankleitzahl: ______________

Hiermit ermächtige ich jederzeit widerruflich den *ibidem*-Verlag, die fälligen Zahlungen für mein Abonnement der Reihe **Film- und Medienwissenschaft** von meinem oben genannten Konto per Lastschrift abzubuchen.

Datum, Unterschrift: ______________________________

Abonnementformular entweder **per Fax** senden an: **0511 / 262 2201** oder 0711 / 800 1889 oder als **Brief** an: *ibidem*-Verlag, Julius-Leber Weg 11, 30457 Hannover oder als **e-mail** an: **ibidem@ibidem-verlag.de**

ibidem-Verlag

Melchiorstr. 15

D-70439 Stuttgart

info@ibidem-verlag.de

www.ibidem-verlag.de
www.ibidem.eu
www.edition-noema.de
www.autorenbetreuung.de